沖縄謀叛

おきなわむほん

鳩山友紀夫
大田昌秀
松島泰勝
木村朗
編著

かもがわ出版

はじめに

米国でのトランプ政権の登場はパクスアメリカーナの衰退を象徴しており、日本にとっては対米自立の好機でもある。しかし安倍政権は、対米従属をさらに深めながら民主主義からファシズムへの移行、すなわち平和・民主国家から戦争・警察国家への転換という戦前回帰の危うい選択を取ろうとしている。三権分立を否定する秘密保護法や集団的自衛権行使を可能とする戦争法の制定に続く、共謀罪創設や緊急事態条項を含む憲法改正の動きがそれを物語っている。

戦争とファシズムの時代状況が迫るなかで、沖縄は平和と民主主義を守るたたかいの最前線となっている。いま沖縄では、安倍政権によって民意を踏みにじる形で高江でのヘリパッド建設や辺野古新基地建設が強行されようとしている。それに対して、沖縄内外の人々がそれこそ身体を賭けた命がけのたたかいを続けている。本土の大手メディアは沖縄での抗議行動をそのまま伝えず、「土人」発言や沖縄へイトスピーチを許容する空気まで生まれている。

山城博治沖縄平和運動センター議長らの不当逮捕・長期拘束にみられる高江や辺野古で起きている異常な事態は、まさに緊急事態条項導入と共謀罪創設の先取りといってよい。現場での全国各地から動員された機動隊や海上保安庁などによる反対運動圧殺のための暴力はすでに許容限度を超えている。法の支配を根本から否定する、このような無法・理不尽をわれわれは決して許してはならない。

このような状況のなかで、自己決定権を求める声が沖縄ではますます高まっている。『沖縄の自己決定権』の主要執筆者である新垣毅記者（琉球新報社）は、「沖縄の閉塞状況を打破する上で、沖縄が自己決定権を行使することが非常に重要だ。自己決定権を確立しなければ、沖縄の人権を守れない」と力説し、「米軍基地の整理縮小を進め、平和交流拠点として東アジア地域に貢献する沖縄を築くためのグランドデザインが必要だ」と自己決定権を踏まえた沖縄の将来像に言及している。

この東アジア地域での平和交流拠点という沖縄のグランドデザインが、まさに二〇〇九年夏の政権交代で登場した鳩山民主党政権が普天間基地移設問題との関連で提起した東アジア共同体構想であった。この東アジア共同体構想は、きわめて現実的な可能性を秘めた日本と東アジアの未来の責任あるビジョンを提示するものであった。それだけにそれを恐れた米国と日本国内の既得権益層によるなりふり構わぬ抵抗・圧力に直面して頓挫させられる結果に終わったのである。

また沖縄の自己決定権との関連で全国的な注目を集めているのが、特に最近沖縄で急速に波及しはじめている沖縄（琉球）独立論である。『琉球独立論』の著者である松島泰勝氏は、「自己決定権は国際法上、重要な言葉。独立までを含めて我々は決定権を持っているのだ」「（米軍基地の辺野古移設やオスプレイ配備など）選挙や議会の決議といった民主主義的な方法でも無視される。ならば残された道は独立しかない」と率直に指摘している。

私を含む日本本土の人間は、ここに示された、沖縄の多くの人々の、沖縄戦での筆舌に尽くしがたい凄惨な体験や「琉球処分（琉球併合）」以来続けられてきた積年の沖縄差別の根本的解消を訴える声、すなわち日本本土の人々のなかにある無意識の植民地主義（根拠なき優越意識とそれと裏腹の蔑視・差別意識）への告発にいまこそ真剣に耳を傾けなければならない。

本書が、沖縄と本土、日本と米国、東アジア諸国との関係の見直し・再構築に何らかの示唆をあたえるとともに、戦火が忍びよりつつある東アジア地域における平和と安定を導く転換の契機となるとすれば、執筆者一同にとって望外の喜びである。読者の忌憚のないご意見を乞う次第である。

本企画提案者　**木村　朗**

〈追記〉　本書の共同執筆者である大田昌秀先生が本年（二〇一七年）六月一二日、満九二歳の誕生日にお亡くなりになりました。大田先生は、研究者としての沖縄戦と米軍占領統治を主とした沖縄近現代史研究、沖縄県知事としての米軍基地撤去への取り組み、平和の礎・沖縄県平和祈念資料館の設置などの平和行政で数多くの功績を残されました。東アジア共同体・沖縄（琉球）研究会の名誉顧問でもありました。私たち執筆者・編集者一同は、本書の座談会においても平和への強い意志を語られた大田先生に対してあらためて大きな敬意を表すとともに、心から追悼の意を捧げます。

鳩山友起夫、松島泰勝、木村朗、松竹伸幸（編集）

沖縄謀叛　目次

第三部　シンポジウムの記録「東アジア共同体と沖縄の未来」…………217

座談会写真撮影　黒田 史夫
15ページ写真撮影　渡瀬 夏彦
装　幀　本間 達哉（東方図案）

第一部　座談会

「構造的沖縄差別」に抗して

出席者

鳩山友紀夫
大田昌秀
松島泰勝
木村朗（司会）

目次

木村　大田昌秀元沖縄県知事が主宰されている沖縄国際平和研究所を会場に、その大田さんと鳩山友紀夫元首相、いま沖縄（琉球）独立論で注目されている松島泰勝さん、司会の私を含め、四人の座談会を行いたいと思います。現在、沖縄では「構造的沖縄差別」という言葉さえ使われるような事態になっていますが、東アジア地域における日本と沖縄の位置と関係をめぐり、その過去・現在・未来にわたる特徴と問題点をどのように考えていけばいいのか、アメリカとの関係も含めて自由に語っていただければと思います。

大田さんは一九九五年以来ずっと普天間基地の問題をみてこられたと思いますが、最近の安倍政権の辺野古や高江への対応を含めてどのように感じておられるでしょうか。

（1）「構造的沖縄差別」の発生と現状

安倍政権の対応は「琉球処分」の再来

大田　辺野古の問題には長い歴史がありまして、半世紀前の一九六五年にさかのぼります。米軍が沖縄の住民の土地を取り上げて軍事基地に変えていったことから、一九五三年から五八年まで、沖縄では「島ぐるみの土地闘争」という、米軍に反対する闘争が初めて本格的に始まったのです。当時、沖縄は産業別にみると、約八割が農家です。農民は土地がないと生きていけません。土地を奪われた地主たちは沖縄本島の東海岸の久場崎のテント小屋に閉じこめられて悲惨な生活をしていました。さすがにアメリカ政府もこれをみかねて、沖縄からの移民を受け入れるところはないか、世界のいろいろな地域に打診したところ、南米のボリビアが受け入れてもいいということになり、五〇〇世帯単位で移したのです。土地を奪われることによって、移民とならざるを得なかった人がたくさんいるのです。

木村　現在の安倍政権の強権的なやり方についてのお考えをお聞かせください。

大田　日本政府の対沖縄政策は構造的な差別政策だとみんな怒っています。なぜそういうことをいうかというと、例えば、米軍に対する土地の提供についてみても、沖縄は差別されています。土地収用法を適用していては土地を米軍に提供するのに時間も手間もかかるということで、一九五二年、駐留軍用地特別措置法という法律がつくられたのです。しかし、この法律は一九六〇年までは日本本土でも適用事例がありましたが、一九六一年以降、適用された事例があるのは沖縄だけです。七二年に沖縄の施政権が日本に返還になり、土地の返還を求める地主が多かったので、まず政府は五年間、強制使用できるような公用地暫定使用法をつくりました。しかし、駐留軍用地特別措置法を適用して、土地を取り上げたのです。一方、この法律では、土地の取り上げに際して、知事に対して拒否する権限を持たせていた。けれども私が知事をやっていて、拒否する姿勢を明確にすると、九六年、この法律を変えて知事の権限を取り上げて、悪法に変えてしまったのです。日本の衆議院では九割が賛成し、参議院で八割が賛成しました。高江は非常に環境のいいところで、私が最初に行ったときに自分の家をつくろうと思ったほどです。そこにヘリパッドを六カ所も持ってきたのです。うるさくて、おそらく生活が完全に破壊されるでしょう。その高江の問題にしても、辺野古の問題にしても、こうした差別は、戦後だけの問題ではありません。沖縄の人びとは、琉球処分といって、明治政府により琉球が強制併合された一連の過程と重ねて考えています。だから、最近の事態について、「琉球処分の再来」などと沖縄ではいわれています。

鳩山　駐留軍用地特別措置法については私も当時議員でしたから大変申し訳ない思いです。あのときは民主党ができたばかりで、民主党のなかで議論したとき、二人代表制でしたので、私が反対で、菅さんが賛成でした。幅を狭めていって、最後は賛成でまとめてしまったのです。本当に申し訳なかったと思っています。

ここ数年の沖縄差別と「オール沖縄」の誕生

木村　いま出たお話とも関連すると思いますが、仲井眞弘多《なかいまひろかず》知事（当時）が「県外移設」を唱えて当選したにもかかわらず、その公約をくつがえしてある時点で豹変し、辺野古移設を承認しました。当然ながら沖縄では多くの人々から抗議の声が上がり、そうした声・民意を受ける形で二〇一四年、県知事選挙に「オール沖縄」の候補として当時は那覇市長であった翁長雄志《おながたけし》さんが出られて、一〇万票の大差で当選するという経緯がありました。

この沖縄の声をふみにじる形で、「琉球処分」といわれるような差別的な仕打ちが歴史的に沖縄に対してなされてきたわけです。ここ最近の動きになりますが、「構造的沖縄差別」に関連する出来事としてどんなことがあったか、簡単に箇条書き的に触れておきます。

まず二〇一二年から一三年、それぞれ九月と一〇月にかけて、野田政権のときにオスプレイの強行配備がなされました。当時仲井眞知事が、「そのような強行配備をすれば、沖縄の全米軍基地の撤去ということにもなりかねない」という警鐘を、最初は鳴らしていたのにもかかわらず、既成事実として二四機すべてが沖縄にいま配備されている状況があります。このオスプレイ強行配備は完全に沖縄の声を無視した形でなされました。

翁長氏が那覇市長であった二〇一三年一月二八日、「沖縄『建白書』を実現し未来を拓く島ぐるみ会議」が生まれるなかで「オスプレイ配備に反対する沖縄県民大会実行委員会」が立ち上げられ、そこが主体となって「東京（上京）行動」という形で、沖縄の全四一市町村の首長と議会議長、それに二九人の県議ら一四四人が大挙上京し、日比谷野外音楽堂での四〇〇〇人集会と銀座通りのデモを行った後、首相、外相、防衛相に「建白書」を直接手渡しました。その「建白書」には、①オスプレイの配備即時撤回、②米軍普天間基地の閉鎖・撤去、県内移設断念などの要求が掲げられるとともに、「この復帰四〇年目の沖縄で、米軍はいまだ占領地でもあるかのごとく傍若無人に振る舞っている。国民主権国家日本のあり方が問われている。安倍晋三内閣総理大臣殿　沖縄の実情を今一度見つめていただきたい。沖縄県民総意の米軍基地からの『負担軽減』を実行していただきたい」と書かれていました。

それに対して安倍政権は何ら真摯な対応をしなかっただけでなく、東京・本土の一部の人々は沖縄の代表団に対して「売国奴！」「非国民！」などといったヘイトスピーチが投げつけられました。当時、代表団の代表であった翁長氏は、そのことを強く受け止めたといわれています。そして、この「東京（上京）行動」が、「オール沖縄」の流れを生む背景となり翁長知事の誕生につながったといえます。

また、当時の自民党幹事長だった石破茂氏が二〇一三年一一月二五日に同党本部で記者会見を行い、国政選挙で県外移設をかかげて当選した五人の沖縄選出の自民党国会議員（衆議院議員四人、参議院議員一人）を壇上に並ばせた上で、県外移設要求を放棄させ事実上辺野古移設を容認させるという出来事がありました。あのときのうなだれた自民党議員の姿は沖縄の人々にとっては非常に屈辱的であったと思います。そして仲井眞知事の公約を放棄した辺野古移設承認があり、そのときの発言が「非常に素晴らしい予算をつけていただいた。これでいい正月を送れる」「有史以来の予算」と手放しで礼賛するもので、沖縄の人々に非常にショックを与えました。

さらに二〇一三年四月二八日の「主権回復式典」（「主権回復・国際社会復帰を記念する式典」）の開催。四月二八日といえば、一九五二年、サンフランシスコ講和条約が発効し、沖縄にとっては日本本土から分離させられた「屈辱の日」なのですが、それを知ってか知らずか、安倍政権が沖縄をないがしろにする形で突如この日を祝う式典を開催したということも、沖縄の人々に大きな傷を与えたことは間違いありません。

そのような流れと背景もあり、二〇一六年四月に起きた米軍属による女性殺人遺棄事件に対して、六万五〇〇〇人規模の県民集会が開かれ、また参議院選挙でも「オール沖縄」候補の伊《い》波《は》洋一《よういち》さんの勝利にもつながったという経緯となったと思います。

ところが、そのように沖縄の民意が選挙であらためて示された翌日の早朝から、高江ではヘリパッド建設工事を強行するという暴挙が安倍政権によってなされました。当時、一時的とはいえ辺野古問題の重点が裁判に移るなかで、いきなり高江でそのような直接の対峙が始まったことで、沖縄のメディアを中心に、「これは戒厳令か。こんなことがあっていいのか」という指摘さえ出ています。

そうしたなかで、鳩山さんは昨年（二〇一六年）、高江に二回行かれたそうですね。

胸を打たれた高江のたたかい

鳩山　昨年（二〇一六）九月、二度目なのですが高江を訪れました。七月の参議院選挙で島尻安伊子候補（沖縄北方担当相＝当時）が大差で敗れ、伊波候補が勝ったわけですから、沖縄の民意は示されたのですが、一方で安倍政権側とすれば「自分たちは勝ったのだ」「参議院選挙勝利なのだ」という思いがあったのでしょう。民意というものは勝手に解釈することができてしまうものですから、大変強引なことが行われていました。

その前、私が五月に訪れたときにあったN1地区正面の座り込みテントは、すでに警察官や機動隊によってすべて排除されていました。N1に二つつくられたヘリパッドの裏の方から入ってくる道で、辺野古新基地建設反対の運動でも指揮をとってこられた沖縄平和市民センター事務局長の山城博治《やましろひろじ》さんたちがリーダーシップを発揮して、三〇人くらいの方々がテントの中でたたかっておられました。その姿を私も拝見して涙が出るくらい感動したのです。山城さんは体調も万全ではないのに無理をされていました。彼らも自分たちのためではないですよね。自分たちのためだったらなぜこんなに毎日苦労して一日中暑いテントのなかで、それこそ外へ出ればおいしい食事だってできるのに自炊をしながら居続けなければならないのか。それは沖縄の自然を守らなければならないという彼らの自分を捨てた態度だったと思います。私はそこに非常に胸を打たれました。

ちょうど私が着いたころにオスプレイが到着し真上を飛んできていました。高江にヘリパッ

辺野古ゲート前での座り込み

ドを六つつくる話が出たときには、オスプレイが来るということは条件に入っていなかったはずです。騒音と危険をまき散らすオスプレイが約束違反で平然と飛んで来ているということ一つとっても、彼らの怒りが私にもよく理解できました。彼らは裏のルートを押さえ、警察や機動隊がつくった検問所から誰が入ってくるかをつねに監視して、ヘリパッド工事の作業員が入って来られないように一所懸命努力をしておられました。午前中に大型トラックが強引に入って作業を済ませてしまったという話でしたけれども、道路から重機を入れるのは抗議の人々にブロックされて無理なので、頭上からヘリコプターで運ぶ計画になっていました。私たちの後から行かれた木村さんはそれをご覧になったと思います。

木村　はい。ちょうど目撃しました。

鳩山　私どもが行ったのはその直前でした。山

鳩山 友紀夫（はとやま ゆきお） 1947年生まれ。東京大学工学部卒。東京工業大学助手、専修大学助教授を経て1986年～2012年衆議院議員。1996年民主党を結党。菅直人とともに代表。2009～10年第93代内閣総理大臣。現在、東アジア共同体研究所理事長。政治家引退後、友愛を広めるために、由紀夫を友紀夫に改名。

城さんたちは、何とかヘリでの重機の運び入れを阻止したいと、ヘリが降りてくるところまで行って、金網の外から「降りてくるな」と叫んで反対運動をしようということになりました。道もないところを鎌で草を刈って進んでいくという決死の覚悟を皆に求めていました。しかもこの地域にはハブがたくさんいるから、「ハブに殺されないようにしろ」ということで、ハブに咬まれたときの応急手当の仕方まで訓練していました。そのぐらいの真剣さで彼らは命を張ってでも高江のヘリパッド建設を阻止しようとしているのです。まさに私はそれが本当の民主主義の原点だという思いがしました。そして彼らに対して何らかの形で支援をしていきたいと感じました。ただ、自分自身で何ができるのかとなると、米軍基地内まで体を張っていこうとする彼らと同じには行動しにくい立場ですから、切歯扼腕《せっしやくわん》の思いでした。

山城さんの逮捕は重大な問題点をもつ

木村 その山城さんが昨年一〇月に逮捕されました（二〇一七年三月一八日釈放）。この山城さんの器物損壊容疑や公務執行妨害・傷害容疑での突然の逮捕・再逮捕と長期勾留は明らかに不当逮捕・違法行為であり、沖縄の辺野古新基地建設強行に抗議する市民運動の参加者への威嚇を狙った国家権力による運動弾圧にほかなりません。ガン治療中の山城さんの体調のことを考えれば、家族との面会も自由にさせないようなやり方は本当に許されないことだと思います。ただ、この問題に対しては、すでに日本内外のさまざまな団体・個人がそれぞれの立場から多くの反対声明を出したり、山城さんの釈放を求める抗議行動を行ったことが大きな救いです。

鳩山 米軍基地のためには法を無視したことがされているということです。関連して一つだけつけ加えます。高江の米軍の基地と国有地の間に細い林道があるのです。それを通って奥へ入り、ヘリコプターが飛来するヘリパッドのところまで行こうという計画で、私も少しだけいっしょに歩いたのです。ところが一〇メートルほど歩くと、沖縄防衛局が使用許可をもらってその奥にわれわれが入れないようにブロックしてあるのです。林道は本来われわれが自由に通行できるはずのところなのですが、ブロックされて通れなくなっている。しかも、アメリカ海兵隊の表示板があって、「これ以上入ると日本国内の法律で罰せられることになります」と書かれているのです。そこは林道で、日本の土地なのに、なぜ海兵隊がこのような表示をしているのか、おかしいではないかと、われわれはそこにちょうどいた沖縄防衛局の職員二人に尋ねました。すると、「私たちにはわかりません。上に上げて答えさせます」というばかりなのです。

その一方で、彼らはわれわれに対して、なかに入らないで出ていくようにと告げるのです。われわれは「なぜ本来日本の土地なのに、〝太平洋海兵隊の所有地に入るな〟みたいなことを平気で書くのか。とんでもない話だ。これを早く外せ」と抗議しました。本来ならブロックして通れなくすること自体がおかしいのですが、相当法律的にもひどいことを行っている実態が明らかになりました。

機動隊員による侮蔑的発言

木村　この過程において、昨年秋、高江で抗議行動をしている人々に対して、大阪府警から派遣された機動隊員が「土人」「支那人《シナ》」という侮蔑的な発言をする出来事がありました。それに対して、松井一郎大阪府知事が「表現が不適切だとしても、大阪府警の警官が一生懸命命令に従い職務を遂行していたのがわかりました。出張ご苦労様」とツイッターに書き込んで擁護したり、鶴保庸介・沖縄北方担当大臣が「私は今のこのタイミングで、『これは間違っていますよ』とか言う立場にもありませんし」という発言をしました。さらに、大阪府警機動隊員の「土人発言」に関し安倍政権は、鶴保庸介沖縄担当相の「差別と断定できない」とする発言を容認する答弁書を閣議決定しました。

こうした公人の発言や政府の対応は、機動隊員の直接の発言以上に重大な問題だと思います。どのように感じられましたか。

大田　この発言については沖縄では非常に反発が強く、いろいろな批判が出ています。ただ私などから見ますと、日本本土の人たちの沖縄に対する見方、考え方は明治の廃藩置県以来全然変わっていないといえます。例えば、明治の廃藩置県のとき、明治政府が熊本の第六師団を沖縄に「常駐せしめる」と主張しました。それに琉球王府が真っ向から反対し、すったもんだしました。そうすると明治政府が四〇〇人の第六師団の兵士と、二〇〇人ほどの警察官で首里城を占拠し、王様を捕虜にして、強制的に明治政府の意向を通したのです。それだけでなく、軍事力をもって強制的に沖縄を日本に併合したものですから、中国の李鴻章《りこうしょう》という外務省の大物が「こんなことをしたら日本は次は必ず台湾を取って、朝鮮を植民地にして、アジア侵略するだろう」ということを発言したのです。その後その通りになったわけです。

戦後、サンフランシスコ講和条約が結ばれて沖縄が日本から切り離されて、米軍の軍政下に置かれました。政治学者たちは「日本が無条件降伏したから、沖縄は日本から引き離されて、軍政下に置かれた」と書いています。ところがよく調べてみますと、真珠湾攻撃から半年目にはもうアメリカの国務省では、戦争が終わったら沖縄を日本から切り離して非軍事化して、国際機関に委ねて、二五年ごとに沖縄が軍事化されていないかチェックさせるという政策を立てていたのです。戦後、進駐軍が日本に進駐したときには、日本の国内にはまだ四三四万人の日本の軍隊が残っていました。オーストラリアやイギリスの司令官たちはマッカーサーに「もし日本軍が反乱を起こしたらどうするか」と懸念しました。進駐軍は三〇万人そこそこしかいなかったからです。そこでマッカーサーは「沖縄を軍事基地にして、そこに米軍を駐留させておけば、いつでも対応できる」と、せっかく沖縄を非軍事化する計画があったのを完全につぶしてしまい、沖縄を軍事化して米軍をずっと置くようになったのです。

そうした歴史的な背景を振り返ってみるとき、沖縄の人々が一番望んだのは、「軍隊を置いたら逆に周辺の大国から狙われて、危険を招く恐れがあるから、この小さな島に軍隊はいっさいいらない」ということでした。これが明治政府と琉球王府の対立の一番の根本問題だったのです。

その後明治政府は軍事力をもって中国侵略、アジア侵略をしたものだから、アメリカの対日戦後政策の基本は、「二度と再び日本がアメリカの脅威にならないように」ということと「二度と再びアジア侵略をさせない」ということになったのです。そのアジア侵略の踏み台、基地になったのが沖縄だったということで、その基地になった沖縄を日本から引き離して日本本土を非軍事化することによって、対日政策を実現しようと図ったのです。

「見せ物」にされた事件

木村　本土の人々の沖縄への蔑視、差別発言の根源がかなり昔からの根の深いものであって、それはアメリカによる占領統治・支配下でも、分断政策としても利用されてきました。大田さんのお話は、それは植民地政策の典型だというご指摘でもあったと思います。

松島　私は「復帰」の年に与那国島から那覇の小学校に転校して、担任の教員に「方言札」

大田 昌秀（おおた まさひで）　1925年生まれ。早稲田大学卒業後、米国シラキュース大学大学院で学ぶ。琉球大学社会学科教授を経て1990～98年沖縄県知事。2001～07参議院議員。2013年沖縄国際平和研究所理事長。2017年6月12日没。

松島 泰勝（まつしま やすかつ） 1963年生まれ。在ハガッニャ（グアム）日本国総領事館と在パラオ日本国大使館の専門調査員、NPO法人ゆいまーる琉球の自治代表、琉球民族総合研究学会共同代表を経て、現在、東アジア共同体沖縄（琉球）研究会共同副代表、龍谷大学教授。

というものをかけさせられ、「方言をしゃべるな」といわれました。それ以降日本の教科書を学んで、大学に入るまで自分は日本人であると思っていました。ところが、三〇年以上前に早稲田大学に入り、ほかの学生と交流したとき「あなたの皮膚は黒い。へんな日本語をしゃべっている」といわれました。自分は日本人だと思っていても、周りの仲間はそうは看做《みな》していないと知り愕然としたのです。ですから、今回の「土人」「支那人」発言を聞いたとき、日本人の琉球人認識は三〇年来全然変わっていないと思いました。学生のころ、私は東京都狛江市にある南灯寮という琉球人の寮に住んでいまして、私と同じような経験を琉球人の仲間がしていたことを聞いていました。そのことをまず思いました。

さらに遡ってみれば、一九〇三年に大阪の天王寺で開かれた第五回内国勧業博覧会の「学術人類館」において「人類館事件」が発生しました。これは、琉球人が台湾原住民、アイヌ民族などいろいろなアジア・アフリカの民族といっしょに「見せ物」にされた事件でした。琉球側からは「自分たちは、アイヌ民族、台湾原住民とは違うのだ。日本国臣民である」という反論があったのです。ところが今回の「土人」発言においては、そうではありませんでした。「自分たちは日本人である」というよりも、「自分たちは差別されている。本来『土人』などという差別用語を投げかけられるような存在ではない」という反応が非常に多いのです。一一三年前といまでは琉球からの反応がまったく違うのです。しかし、本土の日本人は変わっていないというのが私の印象です。

もう一つは、私は太平洋の島々も研究していますが、ニューカレドニアというフランスの植民地があります。そこに住む先住民族をフランス人はKANAK（カナク）と呼んだのです。先住民族の人たちはカナクという差別用語を自分たちの名乗りの言葉として使い、文化復興運動や独立運動を活発に展開するようになりました。

こういうことを考えても今回の「土人」発言は、琉球と日本との歴史的、文化的な違いをあらためてはっきりさせたと同時に、琉球側から「自分たちはそういう差別されるような人間ではない」という主体性の問題が提起され、それがまた独立運動につながる大きなきっかけになったのではないかと思います。

木村　いま松島さんから方言札のお話がありましたが、私は方言札が戦前、戦中の沖縄で行われていたことは知っていましたが、一九七二年の日本復帰後にもあったというのは初めて聞きました。それは沖縄本島ではなく、それ以外の離島でのことですか。

松島　いいえ、那覇です。私は小学校二年までは与那国島にいまして、三年生から那覇に転校しました。私を教えていた先生はウチナーンチュでしたが、その先生が生徒に方言札をかけさせたことを覚えています。子どもながらに嫌でした。琉球諸語では日本語の「痛い」を「アガー」といいます。友だちを叩いて「アガー」といわせて「方言札」を他の人に渡すということも行われました。

そういうことが一九七二年にもあったのです。その年は「復帰」の年でしたので、「沖縄は日本になるのだ」「日本に戻るのだ」ということで、教員を中心に「きみたちは方言をしゃべるな。共通語をしゃべりなさい」という認識があったのだと思います。制度的に方言札の政策が行われたとは思いませんが、私たちの担任の教員はそういうことをしていました。

アイヌの経験から

木村　それは本当に驚きです。鳩山さんはこの「土人」発言について、神奈川大学で行われた東アジア共同体・琉球（沖縄）研究会の第二回公開シンポジウムでも触れられたと思いますが、この発言やそれへの大阪府知事の対応などを見てどう感じておられるでしょうか。

鳩山　神奈川大学でのシンポジウムでも、こういうけしからん差別発言が出たことについて、憤りを越えて悲しい思いをしたと発言しました。私はもともと北海道を選挙区にしておりましたから、アイヌの方々とは大変親しくつき合っています。アイヌの方に関していえば、「北海道旧土人保護法」という法律が一九九七年までありました。

木村　それは一八九九年にできて、一九九七年に廃止されたのですね。

鳩山　かなり最近まで「北海道旧土人保護法」のなかで「保護」されるような話になっていたのです。自分たちがアイヌ人であるということもいえない雰囲気があって、それくらい北海道のなかでも日本全体のなかでも差別をされていました。自分たちを指す言葉として「アイヌ」を使えないで、「ウタリ」という言葉で呼ばれていたわけです。

民主党政権ができる少し前、ようやく先住民族としての権利を認められることになり、「ウタリ」からまた「アイヌ」というもとの民族の呼び名を、彼らも堂々と使うことができるようになったのです。当然いまでも心のなかでは差別されているという意識は持っていると思います。それだけにアイヌ民族の方々は、しばしば集まって、琉球民族に学びながら、彼らの民族的な誇りのために、頑張っていきたいと思っているようです。

差別的な言葉が久しぶりに機動隊のなかから聞こえてきたということは、本当に悲しい思いがしますし、切ない気持ちです。私は松井大阪府知事がこれを擁護するのを見ると、本土の人たちの心のなかに、アイヌに対しても、琉球民族・沖縄の人たちに対しても「自分たちの方が優越した民族である」という間違った意識があるのではないかと思います。それなりの地位にある大臣や知事がこういう発言をすることは、機動隊員の言葉よりも重い。情けなくてしょうがありません。

私は同時にこうした差別意識は本土の人たちの根っこにいまでもあるという気がします。沖縄に行く目的はだいたいは観光で、楽しむ場所としての沖縄はみんな好きなのですが、政治的な、あるいは安全保障としての役割のなかでの沖縄を考えることには、無関心を装っています。本土の人たちの無関心が、こういった発言を助長してしまっていると思います。やはり一番大事なことは、すべての人はみな等しく同じ権利をもっている、平等なのだという意識を日本人全体に心のなかから理解していただくことではないでしょうか。子どもたちへの教育が間違っているのかどうかわからないのですが、そのへんの意識を変えていくことからスタートしないと、いつまでたっても「自分たちは偉いのだ、ほかの人たちに対して自分たちはより進んだ民族なのだ」という無意味な優越意識を心のどこかにもったままです。

木村　私はこの問題で重大だと思うのは、機動隊という公人の立場にある人が、勤務中に発言した言葉を、あたかも民間人が発言した言葉と同じような扱いで、抗議運動をしている方が投げかけた激しい言葉との兼ね合いで「ケンカ両成敗《せいばい》」「どっちもどっち」みたいな言説がネット上で蔓延していることです。それだけでなく、それを本来ならば処罰しなければならないような立場の人でさえ、それにあたかも呼応・容認するような、差別を後押しするような発言をしていることが、非常に深刻だと思うのです。

暴力を使わないたたかいに対する妄言

鳩山　こういう差別発言を擁護する人たちは、たぶん高江にも辺野古にも行ったことがない人たちだと思いますよ。実際に行ってご覧になれば、そこで抗議している方々が命を張って平和をつくろうとしていることがわかります。軍事的な要としての沖縄ではない、武力のない島にしなければいけない、それが沖縄の生きる道なのだということを、体を張って守ろうとしている人たちです。だから、若い人よりもおじいちゃん、おばあちゃんが圧倒的に多い。暴力は使わずに、きわめて琉球人らしい振る舞いで抗議しているにもかかわらず、「彼らが激しすぎるのではないか」とか、「むしろ機動隊のこういう発言を引き出したのは、彼らの暴力的な行為なのではないか」と思わせる言説が横行しているわけでしょう。

木村　あたかも「それが原因だ」といういい方ですね。

鳩山　そういうことがいえるのは、現地に行っていないからですよ。実際に見ていただくと、いかに彼らが平和を愛して、やむにやまれぬ思いで、殴ってやりたいと思うことだってあるのだろうけれど、そういう気持ちをいっさい控えて、平和的に抗議行動をしているところを理解していないからこそ、理不尽な言説がネット上で蔓延するのではないでしょうか。

木村 朗（きむら あきら） 1954年生まれ。九州大学大学院法学研究科政治学専攻単位取得後退学。九州大学法学部助手を経て、鹿児島大学教授。専門は平和学、国際関係論。日本平和学会理事。東アジア共同体・沖縄（琉球）研究会共同代表。

木村 若い機動隊員の発言自体は、昔から使われていたような侮蔑的な言葉だったというだけでなく、いまの時代状況のなかでは、国策に反対する人々に対して、「土人」とか「支那人」「朝鮮人」という言葉が使われていることを考える必要があるかもしれません。福島の原発被害を受けた人々、とりわけ脱原発や反原発をいうような人々に対してもネット上などで「福島土人」といういい方がされていることに影響を受けているのではないかと感じます。また、この発言をした機動隊員の周りでいつもこういう言葉が飛び交っているのだと推測できます。

私はもう一つ深刻だと思うのは、沖縄県議会がこの発言に対して抗議する意見書を採択はしたのですが、残念ながら全会一致にはならなかったことです。自民党の県議団と、公明・維新の会などが同調する形でそれとは正反対の意見書を出しています。それは結局、不採択になったのですが、「土人」発言は確かに問題はあるけれども、それ以上にといわんばかりに、機動隊員に反対派から投げかけられた言葉を強く非難する内容でした。沖縄のなかでも意見の分裂・分断が生まれている状況があると思います。

松島　そういう認識をもつ人が、県議会議員にいることは確かでして、例えば二〇一四年に参議院議員の糸数慶子さん（参議院議員、沖縄社会大衆党委員長）が琉球民族の衣装（琉装）を着て国連の先住民族世界会議や人種差別撤廃委員会に参加して、琉球人の先住民族としての権利を主張した後、自由民主党の照屋守之県議が「沖縄先住民はぼろぼろのようなイメージで、顔も真っ黒」と差別発言をしました。その後、同議員は謝罪し、発言を取り消しました。かつての人類館事件の時代のように、他の民族を差別する視線を二一世紀の現代まで引きずっている政治家がいることも確かです。「オール沖縄」運動、自己決定権行使運動、反基地運動が激化するなか、日本政府や政権与党による同化圧力が強まってきているのを感じます。

木村　まさに、それだけ集団同調圧力が強いわけですね。過剰同化を強いられているともいえますね。

「主権回復の日」をめぐって

松島　しかし、そういった同化思想をもっている人ともっていない人々が、半々という感じではなく、「自分たちは差別されているのだ。被差別者、抵抗の主体として権利を主張していこう」という考えをもっている人の方が多くなっているのが、現在の状況ではないでしょうか。ですから、分断して支配するという植民地支配のやり方を乗り越える可能性があると思います。木村さんが冒頭、最近の一連の沖縄差別ということで挙げられた流れの渦中で、いろいろと考えるところがたくさんありました。その一つが、「主権回復の日」です。これは安倍政権が琉球の人々の歴史認識、日本に対する気持ちを全然配慮せずに行ったもので、沖縄県からはそのとき副知事だった高良倉吉《たからくらよし》さんという歴史学者が出席しました。高良さんは歴史学者であるので当然琉球の歴史、沖縄の歴史については知っているはずなので、私としては出席を辞退するか、抗議をしてほしかったのですが、出たわけです。なお「琉球」とは、琉球諸島の島々を指すとともに、かつて国として存在していた地域であることを意味する言葉として、私は使っています。

木村　仲井眞知事（当時）は出られなかったのですね。

松島　そうです。一方、私は、「主権回復の日」に反対する琉球新報社・沖縄テレビ主催のシンポジウムにパネリストとして参加しました。翁長雄志さんも那覇市長として登壇されていました。

安倍政権は、「この日に日本が独立したのだ」と誇っているのですが、琉球の現状をみると本当に独立したのかどうか疑わしい。私は独立していないと思っています。

例えば二〇〇四年に沖縄国際大学に普天間基地所属の海兵隊のヘリコプターが墜落したとき、私はたまたまここの図書館で調べ物をしようと思って現場にいました。事故後、黄色の進入禁止のテープの内側の事故現場のなかには、米軍の警察、米軍の消防隊しか入れなくて、日本国の宜野湾市、沖縄県の警察は入れませんでした。つまり、事故の現場もアメリカになった。もちろん金網のなか、米軍基地のなかは日本ではないのです。日本国内、特に琉球に治外法権の米軍基地が未だに存在し、米軍関係の事故が発生するとその場所も日本ではなくなる、日本の国家権力が及ばなくなるという現象をみると、本当に日本は独立したのか、「主権回復の日」といって祝っていいのかと大変疑問に思いました。

木村　治外法権がまかり通っていました。

松島　そうなのです。かつて明治の日本は、治外法権を撤廃しようともがき苦しんで、やっと独立国という体裁を整えたのです。しかし治外法権という植民地状況はいまでも琉球の島のなかにまだまだあるのです。そういうなかで「主権回復の日」という日本政府による歴史修正主義があらわれた。それと符合する形で米軍基地の押しつけがあると思うのです。

また、「オール沖縄」ということで、翁長さんを中心に基地に反対する運動、とくに辺野古新基地建設に反対する運動をやってきましたが、一方ではそれに対する反動も起こっています。

二〇一五年一二月に豊見城《とみぐすく》市議会で、国連の人種差別撤廃委員会（最終意見書、二〇一四年八月二九日）や他の委員会による日本政府に対する勧告の撤回を求める意見書が通りました。この国連勧告は、琉球の人々は先住民族であり、先住民族としての権利を認める、米軍基地の押しつけは差別であるというものでした。そうした勧告を撤回しなさいという意見書を豊見城市議会が出したのです。二〇一六年五月には石垣市議会も同じようなものを出しました。保守系の議員が多い県内の市議会でも同様な意見書を出していこうという運動が展開されています。辺野古の基地建設に反対する「オール沖縄」を崩そうという反動的な動きがいまの琉球で起こってきていることも、深刻に考えていかないといけないと思います。

木村　大田さんは安倍政権が行った「主権回復・国際社会復帰を記念する式典」について、現地におられてどのようにみられていましたか。

「主権回復の日」は「屈辱の日」

大田　沖縄は四月二八日を「屈辱の日」としていまも受け止めています。過重な基地負担など現在の沖縄差別の源流ともなったのがこの日だからです。敗戦後、連合国軍の占領下にあった日本は条約発効で独立を果たしましたが、沖縄や奄美は日本から切り離されました。沖縄が日本復帰するまで米施政権下にあった二七年間、本土から沖縄へ基地が一方的に移転された。日本国憲法が適用されず、人権が蹂躙されたという経緯があるわけです。

沖縄国際平和研究所にて

だから安倍政権がやっていることは、明治のころとまったく変わらない。自民党の幹事長をしていた石破茂さんが、沖縄の代議士五名を壇上に座らせて辺野古新基地建設を認めさせたでしょう。あれに対して沖縄の人たちはものすごく怒ったのです。結局は明治のころからまったく変わらない。明治のころに琉球王府と明治政府とが対立して、琉球王府が基地・軍隊なんかいらないというのを、無理やり熊本の第八師団をもってきた。そして首里城を占拠して尚泰王という最後の王様を無理やりに東京・麹町に住まわせた。いわゆる廃藩置県、琉球処分です。琉球王府は怒って明治政府に対峙しました。

そのときに明治政府は「どこに軍隊を置くかは国の政府が決めるべきことであって、よそからくちばしを入れる問題ではない」といったわけです。その同じ言葉を、石破さんが五名の代議士を変節させたときにやったわけです。だから、琉球王府をつぶして沖縄県にした明治のころとやり方がまったく同じなのです。

鳩山　「主権回復の日」は私も当時反対して、当然祝うことなどしませんでした。それはまさに二つの意味で、です。

一つは、サンフランシスコ講和条約が結ばれた一九五二年四月二八日というのは、沖縄のことを考えれば、沖縄が戻らなくなった日だからです。それと、講和条約と同時に日米安保条約と日米地位協定の前身でもっと屈辱的だった日米行政協定を結んでいますから、新たに日本がアメリカに従属する日になったわけです。独立をしたといいながら、事実上アメリカに従属する記念日になってしまっている。現実にその後日本はアメリカにどんどん従属的になっていったわけでしょう。日米合同委員会がつくられて、われわれ政治家にはいっさい明らかにされないまま、米軍のトップと日本の官僚のトップの秘密の会合が、ある意味で憲法より上位になるような権限を持ってしまっている。すなわち、日本の政府のなかに、アメリカに従属的であればどんどん出世するような仕組みがつくられてきた。結果としてそれがすべて沖縄にしわ寄せになっていって、そのころはまだ日本全土の米軍基地の一〇％くらいしか沖縄には米軍基地がなかったのだと思うのですが、それからどんどん沖縄に基地が集約されていって、最近（二〇一六年一一月時点）は七三・八％になっています。

木村　一九五二年には本土九〇％に対して沖縄の基地は一〇％、その当時は本土の方が米軍基地が多かったのです。一九六〇年では五〇％対五〇％の半々になって、一九七二年の本土復帰前後から沖縄の比重が逆転して増大しています。二〇一五年になると二六・二％と七三・八％

で、本土「一」に対して沖縄が「三」の加重負担になっている状況が現在まで続いています。

鳩山　沖縄がその負担を全部受け入れさせられてきたわけです。まさにそこに「構造的な差別」が生まれて、成長していったという過程です。それがいまだに残っている。私が首相のときに若干変えようと試みたのですが、自分自身の力が足りずに、挫折してしまいました。いまはますます傍若無人となり、少なくとも沖縄の民意をまったく無視する形で辺野古基地押しつけを初めとする政府による差別が続いている。その根本は「主権回復の日」どころではない、まさに沖縄にとって「屈辱の日」であり、日本にとっても「米国に従属する日」を「主権回復の日」と錯覚してしまったことから出発しているのではないかと、私は思います。

(2) 差別の起源としての沖縄戦、琉球処分

沖縄戦とは何だったのか

木村　いま話し合った問題の歴史的根源とされるのが、一八七二年から七九年にかけて行われたいわゆる「琉球処分」といわれるものです。その後も、琉球処分に匹敵するようないろいろな沖縄差別がありました。

それら一連の問題をいまからみなさんにお聞きしたいと思います。一八七二～七九年の「琉球処分」（事実上の「琉球併合」）の問題に入る前に、まず沖縄戦の問題を取り上げさせていた

だきたいと思います。沖縄戦では、いまでも語り継がれている「集団自決」（実は「集団強制死」）の問題だけでなく、琉球語で話していた沖縄の人々を日本軍がスパイ視して、虐殺したというお話もあったと思います。

それでは、沖縄戦とは何であったのか。沖縄戦のなかでも特に重要なポイントについて、長年沖縄戦を研究してこられた大田さんの方から、口火を切っていただきたいと思います。

大田　沖縄戦を簡単に説明することは難しいのですが、一言でいいますと、沖縄戦が始まったとき沖縄の人口は四五万人から四七万人でした。その人口をはるかに上回る五四万八〇〇〇人の米軍が、この小さな島に押しかけてきました。そして沖縄を守るために本土から来た日本軍の兵隊は七万人あまり。地元から召集されたのが二万八〇〇〇人くらい。沖縄には戦争中に一二の男子中等学校と一〇の女学校がありましたが、そのすべての学校の生徒たちが法的な根拠もなしに戦場にかり出されました。

そして、昭和二〇年六月二二日、*沖縄を守っていた旧日本軍の牛島満司令官と長勇《ちょういさむ》参謀長が自決したのです。その日をもって日本軍の組織的抵抗が終わりました。その日、六月二二日に、「義勇兵役法」という法律が本土でできて、男性は一五歳から六〇歳まで、女性は一七歳から四〇歳までを戦闘員（兵隊）として戦場に出すことができるようになりました。沖縄はそのような法的な根拠もないままに、一二歳から一九歳までの生徒たちが戦場に出されて、過半数が犠牲になったのです。

沖縄ではいまもって戦争から生き延びた人たちが二度と沖縄を戦場にさせないと運動をしています。もし基地ができたら、次に戦争が起きたときには真っ先に攻撃の的になって、沖縄が再び戦場になる恐れがあるから、基地は絶対認めないというのです。いま辺野古に座り込んでいる人たちに高齢者が多いのは、沖縄戦を体験した人たちだからです。

先ほど申しましたが、明治政府は廃藩置県のときに、熊本の第六師団を強引に沖縄に常駐させました。その後日本は台湾、朝鮮を植民地にし、中国、アジア侵略をしましたが、沖縄がその踏み台としての基地になりました。そのため真珠湾攻撃から半年目には、米国は二度とそういうことをさせないために、沖縄を日本から切り離して、国際機関に委ねて、二五年ごとに沖縄が軍事化されていないかチェックさせるということにしたのです。そして戦後、マッカーサーが沖縄を軍事基地にしてしまったのです。

アメリカは沖縄を攻めるときに、徹底的に沖縄の研究をしました。そして、『琉球列島民政の手引』と『琉球列島の沖縄人――日本のマイノリティ・グループ』という出版物を出しました。そのなかで沖縄の人々の性格や生活、文化などあらゆる面について書いていますが、一番重視したのは、日本本土の人と沖縄の人との間には心理的な溝がずっと前から残っていて、い

＊編注
牛島中将の自決の日については二二日説と二三日説があり、本書の著者間でも見解が異なる。大田氏は二二日説をとっている。

ざ戦争になって心理的な溝が拡大していけば、アメリカにとって作戦が有利に展開できるということでした。それで「この戦争は日本の軍人がやったもので、沖縄とは関係がない戦争だから、協力するな」という宣伝ビラをまいて、心理的溝を拡大する政策をとったのです。その心理的溝はいまでも続いています。この間の「土人」発言などは彼らが突然思いついたものではなく、ずっと過去からの心理的な溝があって、それにもとづいて発言が出てきたと私はみています。

沖縄が全滅することを知っていた大本営

木村　沖縄戦については、国体護持のための時間稼ぎ、日本本土防衛のための「捨て石」作戦であったと大田さんはいろんな著作で指摘されていると思いますが、この問題についてはいかがですか。

大田　沖縄戦では、いま話したように、五四万八〇〇〇人という大軍が押し寄せてきました。一〇年続いたベトナム戦争でも五〇万の軍隊しかアメリカは派遣しなかったのです。沖縄戦はわずか三カ月の戦いであったにもかかわらず、沖縄県の総人口をはるかに上回る軍勢で襲ったのです。それに対して、日本軍は学生隊も含めて一〇万人そこそこでした。とてもかないっこない。制空権も制海権も米軍が握っているのですから、勝てる戦争ではないことは最初からわかっていたのです。

大本営は米軍が沖縄に上陸したら、沖縄の軍官民は全滅するしかないということを最初から知っていました。知っていてなぜ沖縄戦を戦わせたかといったら、沖縄戦が始まったときに、日本本土の防衛体制は六〇％しか仕上がっていなかったからでした。そのときに米軍が日本本土を攻めたら、ひとたまりもなく降伏に追い込まれるので、一日でも長く米軍を沖縄に釘付けにしておいて、その間に本土の防衛体制を完璧にしようとして、沖縄を「捨て石」「防波堤」にしたのです。ですから、日本本土の人々と沖縄の人々の間の心理的な溝はさらに深まってしまいました。

木村　昔からある日本本土と沖縄の人々の間の心理的な溝をアメリカ軍が知った上で、それを分断・利用することを戦時中から、そして戦後もやってきたということですね。

大田　そうです。それだけではなく、戦後七〇年経って「字誌《あざし》」というものが出されてきています。沖縄には七四五の字がありますが、次から次へと「字誌」を出しています。これを読むと、旧日本軍の兵隊が沖縄住民をどのようにして殺害したかが非常に具体的に書かれています。これまで出された沖縄県史や市町村史にはあまり具体的に書いていないのです。沖縄戦のときに、旧日本軍の兵隊がスパイとして殺害した沖縄住民は一〇〇〇人以上もいるのです。

それから集団自決です。慶良間《けらま》諸島の集団自決は有名ですが、七〇〇人ほどの住民が集団自決をしています。なぜかというと、軍は「絶対捕虜になってはいけない」といいながら、一本の木、一本の草も、「天皇の所有物」であり、これを勝手にとる者は処分する（銃殺する）という命令を出していたからです。自分の庭につくった野菜もとれないわけです。だから捕虜にもなれないし、食べ物はないし、「どうせ死ぬしかないなら家族そろって死のう」と集団自決が起きたのです。四一の市町村のうち、一〇の市町村で集団自決が起きて一〇〇〇人以上が亡くなりました。これが沖縄戦の実態です。

木村　いま、日本本土防衛のための「捨て石」作戦にされたのが沖縄戦でもあったというお話がありました。この問題については、鳩山さんはいかがお考えですか。

三種の神器と沖縄

鳩山　お話をうかがって、集団自決を余儀なくされた方々の数の多さにショックを受けました。私も二〇一五年一一月に遺骨収集の作業を数時間だけ手伝ったことがあるのですが、スンブク原の共同墓地の跡に行き、ＮＰＯの方々が頑張っておられるのを少しだけお手伝いをしました。沖縄戦において、武力で戦って亡くなった方々ではなく、病気で亡くなったり、逃げて捕まって何らかの形で命を失われたりして、多くの方が亡くなっているということをうかがいました。そのときにはご遺骨は出ませんでしたが、いまでも年間に数百のご遺骨が発掘されていることからすると、まだ沖縄においては戦後が終わっていないという気がしました。

木村さんも行かれましたが、二〇一六年一〇月に松代大本営の跡（長野県埴科郡松代町、現長野市松代地区）を視察してまいりました。私も長野には子どものころから夏の間はずっと住んでいましたが、松代大本営には行ったことがありませんでした。そこには合計一〇キロにもなるほどの地下壕が掘られていて、その一部を見せてもらいました。なかに入ってこれは何のためかとか、いろいろな話をうかがいましたが、一九四四年の戦争末期になって天皇、政府の機関、さらにNHKや通信施設を東京においておいたらいつ空襲でやられるかわからないので早く移さなければならない、まずは沖縄で持ちこたえてもらって、本土決戦になる前には、まず天皇を移さなければならない、一番大事なのは三種の神器《じんぎ》だということでつくられたのです。すなわち沖縄のみなさま方の命よりも三種の神器が大事だから、これを移さなければならないということだったのです。

大変ショックだったのは、当時、阿南惟幾《あなみこれちか》陸軍大臣も何度か視察をして、最後に視察に行ったのが一九四五年の六月二二日で、それをご覧になって、かなりこれができ上がったから、牛島満中将に電報を打ち、その電報が届いてその翌日に牛島中将が自決をされたとうかがいました。本土決戦になったら大変なので、まずはこの地下壕がそれなりにでき上がるまでは沖縄で持ちこたえてもらいたいということで、沖縄戦が戦われていたのです。沖縄のみなさん方の命がまさに三種の神器のためにたくさん奪われてしまったという事実です。このときも「沖縄ならばいい」という感じで、「とにかく本土だけは守らなければいけない」という発想です。そして一つの電報によって、牛島中将が自決をされて沖縄戦が終了することになっていったわけです。沖縄の人の命が本土のために使われてしまっている、奪われてしまっているという厳然とした事実が松代大本営の地下壕で証明されたということです。こういうところにも差別の原点があるという発見をして帰ってまいりました。

木村　一般的に沖縄戦は「本土決戦防衛」あるいは「国体護持」のための「捨て石」作戦、時間稼ぎでもあったといわれています。具体的にいまの鳩山さんのお話にあったように、松代大本営をつくるのに合わせて六月二二日に阿南惟幾陸軍大臣が牛島満中将に電報を打ち、その翌日に自決をしたというのは、私もそのとき鳩山さんとごいっしょしていて初めて知った事実で、大きな衝撃を受けました。大田さんからも、本土と沖縄との心理的な乖離があり、米軍がそれを利用したという話がありましたが、それも含めて松島さんはどうお考えですか。

謝罪も賠償もされない「捨て石」

松島　私の出自は石垣島です。沖縄島のような激しい地上戦ではなく、マラリアによって八重山諸島全体で三六四七名の島民が亡くなりました。なぜ多くの島民が亡くなったかというと、日本軍がマラリア猖獗《しょうけつ》（はびこること）地帯に住民を強制移動させたからです。住民はマラリア蚊が棲息し危険地帯であると知っているので行きたくないのに、「行け」と命令され、多くの方々が亡くなったのです。私の母もマラリアにかかって、九死に一生を得ました。もし私の母がそのときに犠牲になっていたら、私も生まれていないことになります。沖縄戦は人ごとではない、大変な悲劇であると思います。島の上で戦争をするということは、住民が戦争に巻き込まれざるを得ないということです。沖縄戦の悲惨な経験が、絶対に島で戦争を起こしてはいけないといういまの反戦運動、反基地運動につながっているのです。

私はグアムで生活したことがあります。グアムでも地上戦が行われ、多くの先住民族チャモロ人が犠牲になったのです。チャモロ人の女性は「従軍慰安婦」にもされ、日本軍によるチャモロ人の虐殺もあり、強制労働が行われました。チャモロ人は日本政府に謝罪と賠償を求めているのですが、一九五二年に発効したサンフランシスコ講和条約によって、アメリカが日本に対する賠償責任を放棄したので、同時にアメリカの一部であるグアムの住民も放棄せざるを得なくなり、これまで謝罪も賠償も受けていません。そこでチャモロ人は、アメリカ政府が日本政府に代わって払うべきだと主張し、米連邦議会においてここ十数年交渉しているのですが、まったく埒《らち》があかず、未解決のままなのです。

翻って、琉球でも、われわれは日本軍によって虐殺され、集団自決を強制され、「捨て石」作戦として琉球が利用され、多くの琉球人が死亡したにもかかわらず、賠償も謝罪もされていません。それはなぜかというと、琉球が沖縄県として日本の一部であることが前提とされているからです。一八七九年の琉球併合後、日本政府によって強制的に沖縄県が設置され、植民地になったにもかかわらず、その歴史的事実が無視されているからです。一八七九年から一九四五年までの間日本であったという理由だけで、本来ならば謝罪とか賠償を受けるべきなのに、いまだにそれらを受けていないという不正義の状況が続いています。琉球は日本の植民地なのであり、他のアジア太平洋地域と同様、戦争の被害を受けたことに対する戦後補償を求める権利があります。

琉球の島では、琉球人のみならず、朝鮮人軍夫や日本軍「従軍慰安婦」の方や、アイヌ民族の方などが犠牲になっています。大田さんが知事のころにつくられた「平和の礎《いしじ》」にはそういった方のお名前、そして私の祖母や叔父の名前も刻まれています。島ではアジアの人々を含む多くの人々が犠牲になったことをあらためて考えなければいけません。

沖縄戦犠牲者の靖国合祀をめぐって

木村　沖縄戦に関連して、私がもう一つお聞きしたいことがあります。大田さんと同じく沖縄戦を研究されている石原昌家《いしはらまさいえ》先生（沖縄国際大学名誉教授）が、最近出された著作『援護法で知る沖縄戦認識――捏造された「真実」と靖国神社合祀』（凱風社）のなかで、「集団自決」の問題で重要な問題提起をされています。石原先生は、「集団自決」という言葉自体が実態に合っていないということで、「集団強制死」という言葉を使うように提起されてきました。また、靖国神社に沖縄戦の犠牲になった人々が、幼児や赤ちゃんさえも合祀《ごうし》されていることを明らかにし、今回の著作では、戦傷病者戦没者遺族等援護法（略称「援護法」）で補償を受けることとの関係もあって、「集団自決」といういい方、名称を受け入れることを条件にそのような形になっているという重要な指摘をされています。私は靖国神社に沖縄戦の犠牲者の方が祀《まつ》られていることも知りませんでしたし、非戦闘員どころか赤ちゃんまでが祀られていることにすごく驚いたのです。大田さんはこの問題をどのようにお考えですか。

大田　靖国神社に沖縄の戦死者を合祀してほしいと要請した人たちがいる一方で、それに反発して合祀されているのを取り下げてほしいと訴訟を起こした人たちもいます。日本遺族会という非常に保守的な全国組織がありますが、沖縄遺族会はそれに加わっていたので、戦死者を靖国に合祀しろという対応をしていました。それに対して、青年部の若い人たちは反発して、別個に遺族会の青年部会をつくりました。同じ家族でも靖国に祀るべしという人がいると同時に、その子ども世代にはダメだという人もいて、ちぐはぐな要求が起こったのです。ただ全般的にみて、日本遺族会の保守的な発想が沖縄遺族会に受け継がれていたのは確かです。

ですから、例えば天皇・皇后がおみえになるときなどは、制服・制帽をきちんとして出迎えます。私が知事をしていたとき、皇太子ご夫妻がおみえになり、沖縄の孤児の施設を訪ねられたことがありました。その移動中に道路脇の畑で作業をしていた女性がTシャツを着たまま飛び出してきて、車に最敬礼したのです。また、全国植樹祭のときに、私は宮内庁に、皇太子ご夫妻が沖縄に来てくださったことに対するお礼を申し上げに行きました。皇太子ご夫妻にお目にかかる前に、侍従長から「皇太子ご夫妻が言葉をかけたら、それに答えることはやってはいいが、あなたから話しかけてはいけない」といわれました。「五分以内にノックするから出るように」ともいわれました。皇太子ご夫妻がおられる部屋に入ったら、沖縄のことをいろいろ質問され、半時間以上経ったので、私はノックを聞き忘れたかと思って、気にしていたのです。

そうしたらご夫妻が「沖縄の人たちは私たちをどう思っているのですか」と聞かれたのです。私は「戦前はみんなきちんとしてお迎えしましたが、この間ご夫妻が通られたときにTシャツを着たまま女性が飛び出しました。あれが現在の沖縄の人の皇太子ご夫妻に対する気持ちです」と答えました。

いまの天皇は皇太子のときからずっと「おもろさうし」という沖縄の万葉集といわれる歌集を勉強されたり、沖縄戦のことも勉強されてずいぶんよく知っておられます。ですから昭和天皇と全然違うところがあるのです。昭和天皇は一度も沖縄に来られませんでした。一度沖縄国体のときに天皇をお招きしようとしてすごい反対運動が起きたのです。

台湾における靖国合祀問題

木村　靖国神社には台湾の方も合祀されていて、その遺族の方々が取り下げを求めているのに靖国神社は応じないということもありますが、そういう問題も含めて松島さんの方から少しお話しくださいますか。

松島　私は二〇一六年八月に台湾に行き、原住民出身の台湾立法院委員である高金素梅《こうきんそばい》氏の事務所に行き、意見交換しました。台湾原住民が高砂義勇隊という形で日本軍として戦わされたなかで、戦争で亡くなった方が靖国神社に合祀されているのです。高金さんは靖国神社に行って、合祀を取り下げてほしいと訴えました。靖国神社側はそれはできないといって聞く耳を持たず、日本の機動隊も動員されるなどして、大変険悪な状況になったそうです。

金城実《きんじょうみのる》さんという琉球人の彫刻家が読谷村《よみたんそん》におられますが、金城さんも靖国訴訟を長い間たたかってこられた方です。金城さんのお父様が靖国神社に合祀されています。金城さんもお父様の合祀を取り下げたいと求めているのですが、実現しないという不条理な状況にあります。憲法に定められた信教の自由にも反しています。

琉球の場合、琉球併合以降に神社の鳥居が各地域につくられ、日本の国家神道が入ってきました。ですから靖国神社を初めとする日本の神道との関係は歴史的に深く、長いものではありません。そういうものに無理矢理取り込まれると、琉球人独自の神世界、信仰の世界が否定されることになります。琉球人の民族宗教を否定する行為を靖国神社はいまも続けているのです。靖国訴訟は一種の宗教戦争でもあるのです。

鳩山　靖国神社にそれこそ赤ちゃんまで合祀されているということは、赤ちゃんに意思があるわけではないでしょうから、かなり強引にやられてしまったのだと思います。本来は戦争によって国のために命を落とした方を祀るということで正当化しようとした靖国合祀です。「集団自決」あるいは「集団強制死」をされた方も含めて祀られているとすると、個人の意思を超えてしまっています。本来、自分がどこの神社に、どこのお寺に眠るかは、本人か少なくとも親族が決めるべきものです。従って合祀を取り下げたい人はそうすることができなければいけないのでしょうが、これはいわゆる靖国神社の合祀問題全体とからんでいて、すなわちA級戦犯が合祀されているのを分祀してほしい、するべきだとわれわれなども思いますが、「それはできないのだ。一つの同じ座布団の上で合祀されているのだから、その座布団を切り刻むことはできないのだ」みたいないわれ方をするわけです。台湾出身の方が合祀されている問題もそうですが、一度合祀されたものを一部でも分祀することができてしまうと、Ａ級戦犯も分祀が可能だという話になります。そうなると靖国神社の今日までの理屈が狂うものだから、あえていっさい受け付けないという頑《かたく》なな態度を続けているのでしょう。私からすればけしからん話ですが、意外に難しいと感じました。

木村　自発的に合祀を望んだ方と、そうでない方とが、沖縄にも台湾にもおられるということで、非常に微妙な問題を含んでいると思います。先ほどご紹介した石原先生の本では、そのへんの複雑な問題を含めて書かれていますので多くの人々に読んでもらいたいと思います。

また沖縄戦に関連して、私には素朴な疑問があって、ぜひお聞きしたいと思っているのは、沖縄戦は本当に必要であったのかということです。日本にとって必要だったかという問題と、アメリカにとっても不可欠な戦争だったのかという、両方の問題があります。

何のための沖縄戦だったのか

大田　それは日本にとっては本土の防衛のためです。沖縄に米軍が上陸したときに、もし米軍が直接日本本土を攻めていたら、ひとたまりもなく降伏に追い込まれてしまう。だから沖縄に米軍を釘付けにして、その間に本土の防衛体制を完璧にしようとしたわけです。大本営は米軍がひとたび沖縄上陸したら、沖縄の軍官民は全滅するしかないということを最初から知っていたのです。はっきりそう宣言しています。

首里城の地下の壕に日本軍の司令部がありました。そこで「軍会報」というタブロイド判の新聞が毎日出ていて、日々の命令を将兵に伝えていました。米軍が沖縄本島に上陸して九日目に「今日から軍人であろうと、軍人でなかろうと、標準語以外の言葉で話すことを禁ずる。沖縄語をもって談話する者は間諜として処分する」という命令が出ました。日本本土を守るために沖縄を「捨て石」にしながら、沖縄の住民に対してはそういうひどいことをやったのです。ですから沖縄の人たちは、いまもって戦争は続いていると感じています。米軍は六〇万トンという大量の砲弾を沖縄に投下しました。そのうちの一万トンが不発弾としてまだ地中に埋まっています。自衛隊が毎年億単位の予算を使って掘り起こしていますが、全部終えるまでにあと八〇年くらいかかるといわれています。それだけではなく、二五〇〇体くらいの遺骨がまだ地中に埋まったままです。これも毎月掘り起こしていますが、いつ終わるかわかりません。

いま、沖縄では精神を病んでいる人が高齢者のなかに非常に増えています。県立看護大学の精神病理学者が調査したところ、沖縄戦が原因だといっています。沖縄戦のときには、二〇〇〇人に近い米兵が精神障がいを起こしてしまった例があります。いま那覇の新都心になっているところに米軍がシュガーローフと呼んでいた小高い丘がありました。この丘は首里城の正面に向かっていました。首里城の地下三五メートルのところには日本軍の地下司令部がありました。かつて私たち師範学校の生徒が夜も昼もなく徹夜をして一キロくらいの地下壕を掘ったものです。そのシュガーローフの小高い丘を占領されたら首里城の地下司令部が危ないので、昼は米軍が占領し、夜は日本軍が取り返すという、沖縄戦のなかでも一番激しい戦闘が起きました。沖縄戦に参加したアメリカ兵でシュガーローフの名前を知らない人は一人もいないといいます。アメリカの兵士が『沖縄シュガーローフの戦い』という本を書いています。わずか一週間のシュガーローフの戦闘があまりに激しいものだから、アメリカの兵隊一八〇〇人が精神異常を起こしてしまったのです。アメリカはサンフランシスコから病院船を仕立てて、ハーバード大学やイェール大学の精神病理学者を治療のために派遣しました。そのなかにイェール大学のウィリアム・クラーク・マローニーという精神病理学者がいて、彼が戦場を見たのです。アメリカの兵士には精神異常を起こす者がいるのに、沖縄の住民は右往左往しているけれど精神異常者が一人も見あたらない。そのことに驚き、沖縄に残って調査して『沖縄の教訓』という本を書いています。そのなかで、アメリカの子どもの育て方と沖縄の子どもの育て方が違う。アメリカでは物心ついたら個人個人の部屋をつくって、親子が同じ部屋に住まない。きょうだい同士が同じ部屋に住まない。だから戦場の極限状況下に来ると、精神的な安定感を欠いてしまう。ところが沖縄では親子が同じ部屋に住んでいて、きょうだいも同じ部屋に住んでいるから、スキンシップが緊密で、同じような戦闘状況でも沖縄の人は比較的安定しているという結論です。そしてその本の最後の方で、しかし子どものときにこういう激しい戦争体験をしたら、おとなになったら必ず異常を来《きた》すだろうと書いているのです。

木村　それはまだ私も含む多くの人々に知られていない非常に重要なお話だと思います。

大田　不発弾もまだ処理できていない。遺骨の掘り起こしも終わっていない。精神異常者が出るから沖縄戦はまだ続いているということなのです。

アメリカにとって「必要」だったのか

木村　私がさきほどお聞きした「本当に沖縄戦は必要であったのか」ということを、アメリカ軍の軍事的観点から見てどうなのかお聞きしたいのですが。アメリカの方からも、沖縄戦は一般的には「本土上陸の足場・拠点づくり」とか、「本土爆撃をより容易にするためにも必要であった」という意見をいわれる人もいます。また、軍事的な必要性というよりも、戦後の分割統治で米軍基地の恒久化を考えた上で、あえてやったのだと主張する人もいます。すでに硫黄島その他の上陸作戦で大きな犠牲を払っていて、さらにそれを上回る犠牲が出るかも知れない沖縄戦を、米軍はなぜ、何のためにやったのか。

私はいま原爆投下の問題を研究しています。ソ連参戦と原爆開発をにらみながら、本土上陸作戦は一一月一日以降でしたが、本土上陸作戦が本当に必要だとはトップの方は思っていなかったふしがあるのです。ソ連参戦が八月中旬には行われることが決まっていましたし、原爆開発も進んでいたので、一九四五年春の段階ではそういう見通しがありました。日本側から見れば、「本土決戦」・「国体護持」のための準備、時間稼ぎの側面があったと思いますが、アメリカ側から見れば、原爆開発のための時間稼ぎの側面もあったのではないでしょうか。詩人のアーサー・ビナードさんも同じようなことを述べられていて、私も「琉球新報」（「原爆神話からの解放を求めて　上・中・下」二〇一六年八月四〜六日）、で少しその点を書かせていただきました。

沖縄を占領した後、急ごしらえでつくられた基地から沖縄を飛び立って日本本土を爆撃した米軍機は、それほど多くなかったと聞いています。グアム、テニアンはもうすでに陥落して米軍がそこを基地化していたので、あえて大きな犠牲を払ってまでも沖縄に上陸・占領して基地化しなくてもよかったのではないか。米軍はすでに三月一〇日に東京大空襲をB29爆撃機三〇〇機以上を動員して行っていました。そういう点も含めて、沖縄を軍事的に必ず落とす必要があったのかという疑問が出てきます。

別の見方としては、沖縄を戦後に分割占領して恒久基地化するために、あえてやったという見方があります。史実に照らしていえば、アメリカは最初からそれを決めて行ったわけではないという指摘を、進藤榮一先生（筑波大学名誉教授、政治学）などもされています。この根本的な疑問についてはいかがですか。

大田　日本本土を攻めるために、沖縄は基地にしなければならないので個人的にはアメリカにとって沖縄戦は不可欠だったと思います。おっしゃるように、「沖縄戦をやらせる必要はなかった」という人も確かにいますが、そうではなく、本土を攻めるための「コロネット作戦」や「オリンピック作戦」を成就させるためには、沖縄を占領して基地化しないとうまくいかないという発想があったのです。

米国海軍軍政府布告第一号というものが慶良間諸島に上陸したときにニミッツの名前で出されました。そのなかでなぜ沖縄を占領するかをはっきり謳っています。日本の軍閥を解体して、軍事力を解体するために沖縄の占領が必要だということです。ですから日本本土を攻めるためには、どうしても沖縄を取らないとダメだという発想が強かったのです。

アメリカ国内でも、国防総省と国務省では意見が食い違っていて、陸軍部の大将と大統領も違っていました。例えば米軍が沖縄本島を攻めたときに、イギリスのチャーチル首相がルーズベルト大統領に対して、米軍が沖縄を攻めて占領すれば、その後アメリカの影響力ばかりが強まりイギリスの影響力がなくなるといって、イギリスも沖縄戦に参加させてくれるよう頼んだのです。米軍のキングという総大将が、イギリスの助力はいっさい必要ないと拒否したのですが、ルーズベルト大統領は安請け合いしてしまったのです。後になって軍部の総大将たちがそれに猛然と反対したのです。するとルーズベルトは、チャーチルに沖縄本島を攻めさせずに、仕方なく宮古、八重山を攻めさせたのです。宮古、八重山へは上陸はしなかったけれど、イギリス人が空襲したのです。

沖縄の戦争は終わっていない

松島　戦後、アメリカ政府の統治下に置かれたのは琉球だけではありません。ミクロネシアの島々も戦略的信託統治領という形でアメリカ政府の統治下に置かれました。戦後初め、日本が帝国主義的に拡張しないための「おさえ」としてミクロネシア諸島や琉球をアメリカ政府は統治したのです。その後、中国、旧ソ連、ベトナム、北朝鮮等が社会主義国化するなかでアメリカの目標は「ビンの蓋」論とは別の方向に行き、日本の再軍備化を認めるようになったのです。当初は日本の再軍備化への蓋という点に軍事戦略上の力点がおかれていたのではないでしょうか。

鳩山　戦時に世界のトップの判断がどのようなものだったかを推論することは面白いかと思うのですが、大事なことは事実として何が起きたかということでしょう。大田さんがさきほどからおっしゃっているように、まだ沖縄においては戦争が終わっていない。戦後になっていない。遺骨の収集が十分できていないということも含めて、戦争を終わらせることに日本の政府はもっと力を入れなければならないということが大事ではないでしょうか。沖縄戦が必要であったかどうかを議論する以上に、沖縄の現実の問題を解決していくことの方が大事ではないかと思います。

「琉球処分」と薩摩の侵攻

木村　次にさかのぼって、「琉球処分」の問題です。一六〇九年の薩摩による琉球侵攻があり、その後にいわゆる「琉球処分」が一八七二年から七九年にかけて行われたということで、この「琉球処分」を中心に松島さんからお話をお願いいたします。

松島　まず、一六〇九年の薩摩藩による琉球侵略に関してですが、これは薩摩藩という一つの藩と琉球との関係のなかでの出来事ではありませんでした。薩摩藩主は江戸幕府の了解を得て、琉球を侵略したのです。つまり日本と琉球という「国対国」の侵略戦争であったということです。近世時代、琉球国から定期的に慶賀使《けいがし》（将軍の代替わりごとに派遣された使節）、謝恩使《しゃおんし》（琉球国王の代替わりごとに派遣された使節）という使節団が江戸幕府に派遣されます。また李氏朝鮮からも朝鮮通信使が定期的に江戸幕府に派遣されました。このような異国と日本との外交関係を歴史家は「日本型華夷《かい》秩序」（華夷秩序とは中国の皇帝を頂点とする儀礼的・外交的・経済的な国際関係）と呼んでいます。

侵略された側の琉球は薩摩藩に年貢などを納めます。首里城にも薩摩の役人はいましたが、少数の薩摩藩の役人が琉球全体を支配できるわけもなく、基本的には侵略後も国王を中心として琉球王国の政治や経済が主体的に行われていたというのが、現在の近世琉球史研究で明らかになっていることです。

木村　中国との関係も考えれば、日本と中国の両方に属する、いわゆる両属体制ですか。

松島　両属とよくいわれます。一六〇九年以降、日本は琉球国の内政に干渉したのですが、中国の場合、明、清時代を通じて、琉球の内政にはいっさい干渉しないという違いがありました。つまり、琉球と中国とは外交的・儀礼的・経済的な関係でしかなく、中国に属したとはいえません。また先に述べたように薩摩藩の間接統治を受けていましたが、国政を自主的に運営していたのであり、薩摩藩または日本の属国であるともいえません。

木村　それは朝貢関係でしたか。

当時の琉球と中国、日本との関係をどう見るか

松島　琉球と中国との関係は、朝貢・冊封《さくほう》（天子と近隣諸国・諸民族の間の君臣関係）関係です。このような関係は、朝鮮半島、ベトナム、タイ等のアジア諸国の国々も中国との間で形成していたのであり、各国はその関係から多くの経済的利益を獲得することが可能になりました。そのような関係と日本と琉球との関係はまったく違うのです。日本の場合は内政に干渉してくる、年貢を取っていくという収奪的な関係です。そのような植民地主義的な関係が一六〇九年から現在まで構造的、歴史的に続いているといえます。ですから、両属といっても、中国と琉球との関係、日本と琉球または薩摩と琉球との関係は大きな性格的な違いがあり、本質的には「両属」とはいえないと考えます。

近世の琉球は、清国と朝貢・冊封の関係をもっていましたし、一九世紀に入ると黒船が琉球にやってきて、一八五〇年代にアメリカ、フランス、オランダと修好条約を結びます。中国の

みならず、欧米諸国も琉球を国として認めていました。それをいわゆる「琉球処分」という形で滅亡させたことが大きな問題点なのです。日本の教科書では「琉球処分」という用語が未だに使われていますが、ある国が別の国を消滅させて併合したのですから、正確には「琉球併合」と呼ばれるべきです。

一六〇九年の薩摩藩による琉球への侵略は、薩摩藩のみならず日本という国が背景にあったわけですから、琉球併合は二回目の日本国による侵略なのです。それに対して日本政府は現在まで賠償も謝罪も行っていません。いまでも日本の外務省は、琉球が国であったとはっきり認めていないのです。それが賠償も謝罪も行わない立場につながっていると思います。私を含む琉球民族独立総合研究学会の共同代表が実際に外務省沖縄事務所に行って琉球が国であったかどうか問い質しましたら、「あるともないとも、何ともいえない」ということでした。国はあるかないかのどちらかですから、外務省の回答は琉球が国として存在していたという歴史的事実を認めていないことになると私は判断しています。そういう状態がいまでも続いているのが、琉球併合の大きな問題なのです。

それから、「琉球処分」という言葉は、松田道之《まつだみちゆき》という日本政府（明治政府）から派遣された人の役職名である「琉球処分官」としても使われました。つまり「琉球処分」は明治政府による歴史的位置づけを表す言葉なのです。日本政府の意に添わないこと、つまり琉球が「独立した国として存在すること」を日本政府が「処分」（罰する）するという意味で、「処分」という言葉を使ったのです。しかし、先ほど述べましたように、これは処分ではなく「琉球併合」であると認識すべきです。日韓併合と同じように、アジアのなかで、世界の常識のなかで琉球の併合問題を考えるべきであるというのが、琉球の歴史学において主要な意見になっています。琉球併合をどうとらえるかは、「琉球新報」「沖縄タイムス」を含めて、地元のマスコミで議論が行われています。現在の高江や辺野古の問題をみても、日本の植民地支配がいまでも続いていることがわかりますし、それは琉球併合が大きな起点になっているのです。

木村　さらに詳しくお聞きしたいのですが、琉球藩を設置したのが一八七二年で、そして沖縄県になったのが一八七九年。ただ廃藩置県というのは一般的には沖縄・琉球以外では一八七一年に行われていますが、沖縄・琉球だけが少し遅れて、しかも二段階の形をとっているのは、どう考えたらよいのでしょうか。

琉球国は独立していた

松島　「琉球藩」は、琉球国あるいは琉球国王自身が合意して成立したものではありません。明治政府が一方的に「琉球国を琉球藩にする」といっただけの話なのです。「琉球藩」とされて以降も、琉球国は清国に朝貢しています。ですから日本政府の「琉球藩」、つまり日本の一部として琉球を位置づけるという方針に対して、琉球国は従わなかったのです。「琉球処分」といわれる琉球併合も日本政府の一方的な名付けでしかなく、大田さんがおっしゃったように琉球国の尚泰王はまったく同意していません。尚泰は琉球併合後、東京への移住を日本政府によって強制されました。もちろん琉球の一般の民も日本への併合に同意していません。

木村　それでは、琉球国が実態として主権をまだ持っていたというのは、一六〇九年から一八七九年まではいえるということですか。その途中、琉球藩の設置もありましたが、完全には主権を奪われていなかった。尚泰王が東京に行くようになったのは一八七九年だったということですね。

それに対して、国際社会がどうみていたかということでは、アメリカ、フランス、オランダと琉球王国との修好条約が結ばれていたということがさきほど出ました。一八五四年七月一一日に琉球王国とアメリカが琉米修好条約を締結しました。その後がフランスとの間に一八五五年一一月二四日に琉仏修好条約、そして最後に一八五九年七月六日に琉蘭修好条約が締結されました。ただし、フランスは批准をしていません。

この二つの琉米修好条約と琉仏修好条約の原本は、沖縄にはなく、東京の外交史料館にあります。それについての返還を沖縄はいま求めようとしているのですね。

松島　これは琉球併合の過程で奪われたものです。ですから三つの修好条約の原本が琉球にあるのは当然のことなのです。しかしながら日本政府は修好条約を奪ったことを謝罪しないばかりか、それらを琉球に返還しようともしません。大きな問題です。琉球が国であった証拠が琉球側に渡るのをおそれているからではないでしょうか。

木村　沖縄県として正式に返還を求めているのですか。

松島　沖縄県庁、県知事はまだそれを求めていないのですが、琉球民族独立総合研究学会は正式にその返還を日本政府に要求しています。欧米諸国と条約が結べるほど琉球国は自らの外交力を駆使しており、琉球併合がなければ、琉球国は近代国家に発展していた可能性も否定できません。その道が日本政府によって閉ざされたのです。

琉球国自体には、封建主義的な側面はあるともいわれていますが、一方では、歴史家の安里《あさと》進《すすむ》さんも指摘しているように、琉球国は土木工学的、農業的に見ても大きな技術的な発展がみられました。琉球国は伊能忠敬よりも早く自国の地図をつくり、全国にわたる測量も行っています。そういう意味では、近代国家になる手前で国が滅ぼされたという認識をもつ現代琉球人は増えています。

「琉球救国運動」とその犠牲

木村　「琉球処分」について、その不当性を訴えに中国の北京に行かれて、そちらで客死された方もいるそうですが。

松島　その「琉球救国運動」の過程で多くの琉球人が犠牲になりました。林世功《りんせいこう》は「一死なお社稷《しゃしょく》の存するを期す」という辞世の句を残し、一八八〇年に北京で併合に抗議して自死しました。一八七〇年代の半ばころから、琉球王府の幹部たちは清国の北京や福建に亡命し、また、東京にも行って琉球併合に反対する活動をしました。
私は琉球の研究者とともに二〇一六年五月に北京に行き、琉球の歴史に関する北京大学での国際会議に参加するとともに、北京で非業の死を遂げた琉球人の墓地跡に行きました。その墓参では琉球の線香、泡盛を捧げ、三線《さんしん》と琉球の音楽で救国運動家の魂《マブイ》を慰めました。
近年、王大業という救国運動を担った琉球人の墓石が発見され、北京市の通州博物館に保存されています。福建省の福州市には、「琉球墓園」という琉球人の墓地があり、琉球館という琉球国の外交施設であった場所には博物館が建設され、琉球と中国との関係史等について学ぶことができます。「琉球救国運動」は「琉球独立運動」というように形を変えていまでも続いているといえます。かつては王国の復活、現在は人民（民族）の自己決定権にもとづく、非武装中立の連邦共和国の形成というように、その目指す政治体制は異なりますが。
鳩山　一八七九年の明治政府による沖縄県の設置による琉球処分ですが、「処分」をされたというと、何かもともと日本の一部であったものがけしからんから処分したみたいな意味でとらえられます。ですから「併合」という言葉をこれからは使われた方がよろしいのではないか。つまり、国として存在していたものが主権を奪われたということです。
木村　そうですね。朝鮮併合に先立つ琉球併合ですよね。
鳩山　まさにそうです。したがって、だから独立をすべきだという議論がまた出てきても当然であるという意味において「併合」という言葉をもっと普遍的にお使いになったらよいかなと、いまうかがいながら感じました。

（3）構造的差別とメディア、司法の責任

木村　「構造的沖縄差別」という言葉が沖縄のなかで定着し始めたのは、二〇〇九年夏の政権交代で登場した鳩山民主党政権が普天間基地問題その他で民意に応えようとしたがそれを果たし得ず、結局は挫折して退場した直後からだったと思います。そのころから「構造的沖縄差別」とかアイデンティティの問題が出てきたと、『新崎盛暉が説く構造的沖縄差別』を書かれた新崎盛暉《あらさきもりてる》さん（沖縄大学名誉教授、歴史学）などが指摘されています。冒頭、仲井眞知事が変質して、翁長知事が登場してくる背景と現状についてお話しいただきましたが、これから鳩山政権時代のこと、さらに遡って大田県政時代のことについて触れていただきたいと思います。

私は二〇〇九年夏の政権交代は戦後日本政治にとって非常に画期的だったと思います。鳩山民主党政権、正確には社民党と国民新党との三党の連立政権でしたけれど、選挙期間中に鳩山代表が沖縄で公的に発表されたのが、普天間基地移設問題に関連しての「できれば国外移転、最低でも県外移転」という提起でした。それは沖縄の民意に応えようとする誠実な、ある意味でまっとうな対応だったと思います。しかし、それに対してさまざまな既得権益層、日本国内における官界、政界、財界、マスコミ界、学会からの大きな反発もありましたし、その背後に

アメリカの影というか圧力もあったという人がいます。私もそのように考えている一人です（鳩山友紀夫・白井聡両氏との鼎談本『誰がこの国を動かしているのか』詩想社、を参照）。普天間基地の問題を沖縄県民に寄り添って解決すべく模索しながらも、それが残念ながら果たせなかった経緯・背景を含めて鳩山さんの方から最初にお話をお願いします。

外務省から出てきた偽造？文書

鳩山　私ども当時の民主党は、何回か政権交代の前にも沖縄にうかがって、沖縄をどのように考えればよいのか、かなり勉強はしておりました。沖縄の未来に対して提言も何度かしていました。そのなかに普天間基地の移設について「最低でも県外、できれば国外」という趣旨のことが書いてありました。最終的には国外への移転まで考えていこう。まずは米軍の再編と合わせて県外への移設を求めていこうという形で、沖縄ビジョンを出したわけです。そして、政権交代直前の選挙で何度か沖縄にうかがったときに、沖縄のみなさん方が熱気のある集会を開いてくださいました。そこで私は沖縄の総意がそこにあるならば、「ぜひ最低でも県外移設を実現したい」と申し上げました。

じつは民主党のマニフェストにはそこまで書き入れなかったのです。岡田克也さんたちがマニフェストを議論していたのですが、前の選挙ではそれを掲げていたものの、政権交代が間近になると「そこまで言い切れるのか」という自信のなさから、言い方を緩めてしまったのです。

しかし私は沖縄に何回かうかがって、沖縄県民の民意を知るにつれて、私自身もそれに応えたいという気持ちが強まり、あの言葉を発したわけです。それが沖縄のみなさん方には温かく歓迎していただいたので、私としてはこの問題を何としても実現させたい思いになったのが事実です。ただ、残念ながら私自身の実力が足りず、この問題を解決するどころか、最終的に辺野古に舞い戻ってしまったことに関しては、沖縄のみなさん方にいまでも頭を下げて申し訳ないという気持ちです。沖縄のみなさん方には期待感を与えてしまっただけに、大変な失望感を与えてしまったと私は思っています。

当時、いろいろと代替地を探していたわけですが、なかなかみつからない。最後に奄美大島の徳之島が可能性があるとうかがって、当時は徳之島の地元からも移設を引き受けたいという要望があったものですから、そこに飛びついたのですが、徳之島に関しても、島民の反対の声が強まり、残念ながら実現には至らなかったのです。

そのことに関して若干申し上げると、二〇一〇年四月半ば過ぎに、外務省の役人が私に事実でないペーパーを示しました。それには、訓練の一体性の問題があるので、沖縄の北部訓練場から六五マイル（六五海里、約一二〇キロメートル）以内でなければ代替地は無理だということが米軍のマニュアルにもあると書かれていました。沖縄から六五マイル以内ということになると、県外に代替地があろうはずもなくなり、結果として辺野古に戻らざるを得ないはめになってしまった。しかし、いま外務省にこのペーパーの真偽を確かめようと何度も尋ねているのですが、「このペーパーについて、私たちは確認できません」というのです。「だって、あなた方がくれたじゃないですか」といっているのですが……。現実にこのペーパーを私に示した人たちは、いま異動して大使などになってしまい、なかなか確認が取れません。そこで外務省の官房長や防衛省の事務次官にまで伺いました。防衛事務次官の黒江哲郎さんが当時防衛省側の担当だったので尋ねると、「それは防衛省がつくったのではない。外務省です。外務省の書式だ」とおっしゃっていました。それにもかかわらず外務省では「こういうものを作成したことは確認できない」というのです。

当時総理大臣だった私に「最低でも県外」ということを諦めさせるために作文をした。米軍に聞いても「そのようなマニュアルはない」ということも確かめられているのですが、そこがいまだに謎の部分はあるのです。なぜこのようなニセの文書を出したのか。有印公文書が偽造されているのではないかという疑いすらある状況です。私はこのペーパーを信じて、沖縄のみなさん方の希望を打ち砕いてしまったという結果になりました。そこは、まだ私としても諦め切れない部分があるので、もっとしっかりと調べて、追及していかなければいけないと思っています。

いずれにしても、この一件でおわかりのように、アメリカの圧力というより、アメリカに従属的な日本の官僚たちが、私に「最低でも県外」を諦めさせようと必死に動いていたのです。

日本の官僚は政治家を操ろうとする

木村　いまのお話は、非常に深刻で重大な問題だと思います。日本の官僚、とりわけ外務、防衛官僚が、日本の選挙で民主的に選ばれた首相の意向に従って動くのではなく、アメリカの意向を忖度して動いていると思われるのですが、じつは自分たちの意向をアメリカの意向を楯にしてその陰に隠れながら押し通していたという実態が明らかになったということです。沖縄を初めとする日本全国の多くの人々の期待のなかで登場した鳩山政権が、最終的に挫折する大きなきっかけになった一つの原因が、そういった官僚による裏切り、サボタージュにあったわけです。そうした実態の一部はすでにウィキリークスなどの暴露によっても明らかになっていたのですが、いま鳩山さんがいわれた外交文書の捏造、謀略文書みたいなものの存在は、それをはるかに上回るような重大な問題で、この日本でまともに民主主義が機能していないことの証明だと思います。このことをお聞きして、どう思われているか、お二人にぜひ聞きたいと思います。

大田　鳩山さんが「最低でも県外」といったとき、みんな飛び上がって喜びました。こんなことはまったく期待していなかったけれど、一番望んでいることだったものだからです。「最低でも県外」という言葉が県民にあっという間に広がって、みんな小躍りして喜んだのです。ところが結局、元に戻ったわけです。そのときに『沖縄の〈怒〉』（ガバン・マコーマック／乗松聡子［共著］）という本が出て、鳩山さんがいかに官僚から押しつけられて意に添わないことをやらされたかが書いてあります。私はそれを読んで理解できました。日本の官僚がいかに政治家を操っているかは、私も政治の世界に入っていやというほど思い知らされましたが、鳩山さんの場合まさにそれがあったと思います。この本には鳩山さんをいかに官僚が押しつぶしたか、裏を全部書いてあるのです。

この真相はぜひ突きつめたいと私も思います。どういう人がどんなふうにやってきたか。いまおっしゃるように、外務省は後になって「確認できない」といって済ませてしまうけれど、そんなふうに済まされたら、これから将来の政治などやれないです。

木村　沖縄の人々は、鳩山政権が登場して県外移設あるいはできれば国外移設を目指すといったときに大歓迎しました。ところが結局それが挫折して、辺野古にふたたび戻ったことには本当にがっかりされて、そしてかなり憤られたと思います。しかし、鳩山政権の挫折と崩壊の経緯やその背景が徐々に知れわたるにつれて沖縄の方々の心が少しずつ和らいでいき、いまでは鳩山さんを支持する方が沖縄では多い状況になっているのではないかと思います。これは日本本土とは大きな違いです。

外務官僚による国家犯罪だ

松島　鳩山さんが県外移設を掲げて登場され、政権を取ったことは非常に画期的なことでした。何が画期的であるかというと、県外移設を口でいうだけでなくそれを行動に移そうとしたことです。全国知事会で「どこの県でもいいから引き受けてくれないか」と訴えたときに、大阪の橋下徹知事だけが手を挙げて、「じゃあ、引き取りましょう」といいました。私も覚えています。私は滋賀に住んでいますから、テレビで橋下さんが涙を流し琉球の歴史も語りながら、関西国際空港（関空）に引き受けるべきだとおっしゃったのです。でもいざ仲井眞知事が「関空に視察に行きたい」といったら、橋下さんは前言を翻して「神戸空港に行ってください」という感じになったわけです。つまり、どこの県の知事も自分のところは引き受けず、ほかに候補地に挙がったところの知事と県民も、「いやだ」というのを映像で沖縄県民がみるわけです。それをみて「やはり自分たちは差別されているのだ」と感じて、「沖縄差別」という言葉を一部の研究者だけでなく一般の人々もいうようになったのが、そのころです。「構造的差別」ということにつながると思うのですが、「沖縄差別」という言葉を発し、日本人を批判するようになったのです。それは琉球人が自らを被差別者であると意識し、自分の島のことは自分たちで決めていくという自己決定権を行使する主体であると自覚したことを意味します。それがいまの辺野古での反対運動につながっているわけです。

　実際に鳩山さんが声をあげて行動することによって、いったんは日本国内で議論が進んだようにみえたけれども、やはり米軍基地の受け入れはいやだとなったわけです。しかしいま再び県外移設論が盛り上がっています。東京大学の高橋哲哉さん、知念ウシさん、野村浩也《のむらこうや》さん、金城馨《きんじょうかおる》さんなどが県外移設を主張し、それに呼応するいろいろグループができて、また、東京・新潟・大阪や福岡でも「引き受けましょう」という団体も出てきています。それは、日米安保条約を認める国民が世論調査でも多いことから、「負担、犠牲の部分を引き受けましょう」という人も出てくるようになったということです。かつての鳩山さんの県外移設論は無駄ではなく、いまも生きているのです。そしてそれが日本の民主主義を問う大きな問題提起になった点では大きな意味があると思います。

そういうものを外務官僚がつぶしたということは、国家犯罪だと思います。外務官僚みずからが国家犯罪をする国がこの日本であることを認識しないといけないと思います。

大手メディアは真実を取り上げない

鳩山　私はメディアがひどいと思います。このような沖縄における県民の心の変化のようなことは、本土の人は全然知りません。ときどき本土の方に対して、「私に一番温かいのは沖縄の県民です」というと、みなさんすごく驚きます。沖縄の方が一番怒っていると思われているのです。自分のやろうとしたことができなかったことで、沖縄県民は私のことを怒っているだろうと。かつても野中広務元官房長官から「よくこんなところに来られたな」と那覇でいわれたことがありました。ただ、野中先生は自分の認識が間違っていたと後で謝って下さいました。沖縄のみなさんは、私が県外移設しようとしてできなかったことに対しては、いまでも怒っていると思います。でも同時に、私が沖縄県民の方を向いて努力したことに対しては感謝してくださっているのです。それだけいままで差別を受けていたということでしょう。ただ大手メディアはそのへんのことは書きません。やはり現在の政権の拡声器のようなものになってしまっていますから、辺野古に基地を早く落ち着かせたい、あるいはアメリカに従属する日本であることをよしとしているのです。ですから、私の先ほど申し上げた「六五マイル」の事件に関しても、まずどこも取り上げようとしないのです。

木村　しかし、本土の大手メディアとは違って、沖縄の二紙・メディアは取り上げました。

鳩山　沖縄のメディアだけが取り上げてくださっています。大手メディアはまさにこれを無視しています。肯定的にも否定的にも書きません。例えばどこかの記事で反論すると、それに反論され、大ごとになるといけないものだから、いっさい無視を決め込んでいるのです。

木村　鳩山さんが指摘されていることは、既得権益層にとって非常に「不都合な真実」なのだと思います。

鳩山　大手メディアは役所からよい情報を得たい、また、役所との関係を損ないたくないがために結託しています。役所からいわれて、いっさい役所に不都合なことは書かないのです。実際に私もあるテレビ局から取材を受けて「六五マイル」の真実を話したら大変驚いていました。でも放送はされませんでした。上の方でつぶされたのでしょう。そういう現実で、メディアが嘘を書いているとはいいませんけれど、真実の部分を書かないことで偏向した記事がつくられているのは大変大きな問題だと思います。

木村　メディアの問題でいえば、二〇一五年九月二五日、自民党若手議員による勉強会「文化芸術懇話会」で、NHK経営委員も務めた作家の百田尚樹氏が沖縄の主要紙である琉球新報、沖縄タイムス二紙が政権にあまりにも批判的だとの意見に対し、「つぶさないといけない」「あってはいけないが、沖縄のどこかの島が中国に取られれば（県民も）目を覚ますはずだ」と語ったことがありましたが、それについてはどのようにお考えですか。

沖縄のメディアは真実を取り上げている

大田　沖縄の新聞はけっして偏向していません。私は新聞を研究したことがあって、戦後すぐの時期には沖縄では一〇近くの新聞が出たのです。そしてアメリカから二万ドルの金をもらって親米的な新聞が出たこともありましたが、すぐにつぶれてしまいました。いまの「琉球新報」と「沖縄タイムス」は、その一〇近くあった新聞のなかから二つだけが生き残ったのです。それは県民の支持が得られたからで、われわれからみると少しも偏向していないのです。その点は沖縄の人々はみんな信頼しています。本土の右寄りの人たちが「沖縄の新聞は偏向している」といっているけれど、沖縄では誰もそれを信用していません。

以前、沖縄で新聞大会があり、全国から新聞関係者が集まっていました。話をしてくれと頼まれて、そのときに私はみんなの前で「偏向していない」とはっきりといいました（二〇一二年九月二七日、マスコミ倫理懇談会第五六回全国大会での基調講演）。何か質問があったら質問してくれといっても、質問する人はいませんでした。つまり本土の一部の変わった人たちが「偏向している」といっているのであって、沖縄の人で「偏向している」といっている人はほとんどいないのです。

鳩山　どちらかというと大手メディアの方が偏向しています。

木村　私もそう思います。私は「民主主義の危機」といわれているいまの深刻な状況をもたらした最大の要因の一つは、メディアの劣化、機能不全の問題であると思っています。むしろ沖縄の新聞はそういうメディア状況のなかで例外的というか、いい意味で突出して県民に寄り添う形で、隠された事実と不都合な真実を発信し続けているからこそ、県民が支持して支えているのだと思います。ジャーナリストの安田浩一氏も著書『沖縄の新聞は本当に「偏向」しているのか』（朝日新聞出版、二〇一六年）でそのことを強調されています。

一時期普天間基地の県外移設案が挫折して辺野古V字案への回帰ということになったときに、当時の鳩山首相に対してものすごく怒りをぶつけた沖縄の人たちが、この間の経緯を承知した上で、いまでは一番鳩山さんを支持しているということがそれを証明していると思います。

本土の人々と沖縄の人々で、鳩山さんに対する評価、あるいは鳩山政権に対する評価が全然違うのは、まさに本土の大手メディアがその真相を伝えない、それどころか意図的に隠しているという問題が本当に大きいと思いますが、松島さんなどはどのようにお考えですか。

松島　鳩山さんが琉球の民意に耳を傾けて県外移設を訴えたのは、民意に応えた対応だったと考えています。本土のメディアは民意を聞きません。権力の方に耳を傾けているということだと思うのです。日本の本土では、「米軍基地は日本を守ってくれる抑止力である」と考える人が多いといわれています。しかしこの琉球では「米軍基地は住民に危害を与える、暴力の源である」というまったく違う認識なのです。そうすると、基地に反対する人々を報道する、基地の被害を報道するのは、まさに民意にかなった報道なのです。そうすると、琉球の新聞は基地に反対することになるわけですが、琉球には本土の人たちの認識とは異なる現実があるから、それは当然のことなのです。琉球の場合には基地問題を正確に報道することが民意に応えることになるので、とくに偏向報道とはいえないと思います。琉球の現実を無視し、日本政府の国策にもとづく報道こそが偏向報道なのです。

大手メディアの問題も重大だと思いますが、一方でインターネットでは、匿名の、根拠にもとづかないヘイトスピーチが流されています。

木村　「2ちゃんねる」とか、ネット右翼といわれる人たちですね。

松島　そうです。市民のなかの右翼化というか、現状認識に対する劣化というか、事実にもとづかない琉球の認識をどんどん広めていくことは、差別につながる行為なのです。

国民が日米安保を支持する状況を打開する道

鳩山　いまのお話をうかがって一つ申し上げたいのは、日米安保に対しては国民の多くが賛成だということです。

木村　うーん。残念ながら消極的に賛成な人も含めて七、八割が賛成といわれています。

鳩山　でも日米安保の起源から含めて、日米安保の真相を理解すれば、日米安保は必ずしも日本を守るためのものではないことがわかります。いまアメリカが北部の訓練場で行っているのは第三国に対してゲリラ戦でどう戦うかという、日本の安全とはまるで関係ない訓練です。そもそも日米安保は日本を守るために存在しているわけではないのに、「日本を守るために安保があるのだ」と政府も発信し、メディアもそのように報道するものだから、「日本の安全はアメリカによって保障されているのだ」という行き過ぎた誤解が充満しています。「アメリカの核の傘の下にあるから日本は安全である」などという議論は完全な虚構です。でもそれを日本人の多くは信じ込まされています。それをメディアがきちんと報道していない実態があります。それはアメリカに遠慮しているのか、日本政府に遠慮しているのかわかりませんが、事実が知られていないから間違った世論が形成されてしまっている。結果として本土の民意と沖縄の民意が完全にずれているのです。そこに大きな問題があるのだと思います。

木村　いま鳩山さんから日米安保体制の本質、何のために米軍が駐留しているのかという問題について、少なくとも日本防衛のためではないのではないか、海外に出かけていって軍事行動をするための前方展開基地としての役割もあるということを指摘されました。それ以外にも、日米安保・米軍駐留は日本の真の独立を押さえる「ビンの蓋」論といわれる側面が本質ではないかという指摘もあります。

私が非常に深刻だと思うのが、白井聡さん（京都精華大学専任講師、政治学）もいわれている問題です。日本は確かにアメリカの属国である。戦後日本は一貫してアメリカに従属してきている。しかし、アメリカと軍事同盟を結んでいるような国は、多かれ少なかれすべてアメリカに従属しているのだ。ところが日本の従属の特殊性は、みずからすすんで自発的に従属を選択しているところにあるという指摘です。それはまさしく日米安保の本質をとらえた見方であると思います。大田さんはどうお考えですか。

司法にも大きな責任がある

大田　いまの日本政府がアメリカに従属しているということは、海外でもいろんな人がいっているのことです。例えばオーストラリアの国立大学のガバン・マコーマックは『属国――米国の抱擁とアジアでの孤立』（凱風社、新田準訳、二〇〇八年）という本を書いています。彼はよく沖縄に来ますが、彼がみてもいまの日本政府はアメリカに従属しているのです。

日本政府はアメリカに対してまともな発言をけっしてしません。アメリカはどちらかというと、アメリカに対して直接まともな発言をする人を信用するのですが、以心伝心的な日本的なやり方はアメリカでは通用しないのです。だからもっとスパッとはっきりいった方が逆に信頼されるのです。

日本の最高裁判所は「日米安保条約は日本国憲法の上位に位置している。だからくちばしを挟むことはできない」という統治行為論で逃げてきました。日本政府がアメリカに従属していることは、否定しようがありません。

木村　いま大田さんから司法の問題も出していただいたのですが、私はいまの日本の民主主義にとって、メディアの劣化の問題とならんで司法の劣化の問題も非常に大きいと思います。これは日本が本当に民主主義国家なのか、独立国家なのかという問題ともかかわる問題です。

具体的な問題として一つみなさんにお聞きしたいのは、集団的自衛権を正当化する論拠として、一九五九年の砂川事件のときの最高裁判決を政府が持ち出してきたことがあります。しかし最高裁がいわゆる「統治行為論」で逃げた「砂川判決」といわれる最終判決の前に、一審で米軍駐留・日米安保を違憲とする画期的な「伊達判決」が出されています。それを日米両政府が葬り去るために、裏で話し合って「飛躍上告」（第一審判決に対し、控訴を経ずに最高裁判所に申し立てを行うこと）という異常な手段で裁判を迅速に優位な形にもっていくために動いていたことが明らかになっています。当時の田中耕太郎最高裁長官が、駐日米大使ダグラス・マッカーサー二世（連合国軍最高司令官であったダグラス・マッカーサーの甥）とも直接連絡を取り合ったり、外務大臣などともかかわっていたといわれています（吉田敏浩『検証・法治国家崩壊』創元社、を参照）。

この「伊達判決」が葬り去られて「砂川判決」になっていく経緯は、まさしく日本が独立国家でも民主主義国家でもないことを証明している具体的な事例だと思います。集団的自衛権ともからめながらこの問題をどのようにみられているかも、少しお聞きしたいと思います。

打開のために国際法が力に

松島　私が早稲田大学大学院の博士課程のとき、大田知事の時代ですが、一九九六年に米軍基地建設のための強制収用に必要となる知事の代理署名手続を拒否することが許されるかどうかを巡り、国と沖縄県が対立し「代理署名訴訟」が行われました。しかし最高裁判所で知事の上告が棄却され、沖縄県が敗訴となりました。大田さんは琉球人・沖縄県民の生命の大切さを主張したにもかかわらず、日本の裁判所は、それよりも日米安保体制、米軍基地を重視しました。これは最高裁という日本の最高の司法機関が琉球よりも米軍基地を選んだと考えてよいと思います。そのとき私は日本の国内法では琉球の問題を解決するのは難しいのではないかと考えました。

その時期に私が東京でかかわっていたのは、アイヌ民族が直面していた人権問題でした。一九八〇年代から国連人権委員会の先住民作業部会にアイヌ民族の人たちは毎年のように出席して、世界の人々にアイヌ民族の自己決定権、先住民族の権利などいろいろな権利を訴えていたのです。私は市民外交センターというＮＧＯのメンバーとして活動していました。外交活動は国家が占有すべきものではなく、市民が積極的に外交活動をするという目的で設立されたのが市民外交センターです。特にアイヌ民族を初めとする世界の先住民族の人権確立のための活動を行っていました。同センター代表の上村英明さんとも話し合って、琉球人という先住民族として初めて、ジュネーブの国連欧州本部に行ったのです。そのときアイヌ民族の方々といっしょに活動しました。

国内法での解決が難しいので諦めるというわけではないのですが、国際法という法律もあり、それで日本政府やアメリカ政府を訴えて、われわれ先住民族の権利を回復することは可能ではないかと思って行ったのです。その後、私は琉球独立の研究をするのですが、先住民族のなかにも独立を希求する人々がおり、国際法で保障された、民族または人民の自己決定権にもとづいて独立運動を実行している人々とも国連で出会うことができました。ひとりひとりの市民、民族が直面する問題を解決するために、国際法が大きな力になると考えたのです。

一九九六年以降、琉球では「琉球弧の先住民族会」という団体もできて、毎年のように、特に若い世代の琉球人が国連の各種委員会に参加し、琉球が直面する問題を訴え、先住民族の権利回復のための運動を行っています。国連から「琉球・沖縄の人々は先住民族である。米軍基地の押しつけは人種差別である。琉球の言葉や歴史を学校で教えるべきである。琉球が抱える諸問題を解決するために日本政府は琉球との間に協議会を設ける必要がある」という勧告が日本政府に対してずっと出されています。糸数慶子さんも国連に行かれましたし、二〇一五年には翁長知事も行かれました。

日本国憲法の下に「復帰」することを目指して私たちは復帰運動をしたのですが、日本国憲法よりも日米地位協定が上にくる状況のなかで、私たちは国際法・国連を活用して運動をするようになったのです。これは日本の国内法がどんどん劣化している、国内法にもとづく司法が劣化していることの現れだと思います。「劣化」とは右傾化、軍国主義化を意味します。「劣化」は日本人が当事者として自分の頭でものごとを真剣に考えないことから広がりをみせるようになりました。

木村　国内において司法が機能不全に陥り、劣化している。ところが国際的には国際法その他は法の支配を貫いて、権利についてもまともな評価がされているというお話でした。さきほどのメディアの話と重ねていうならば、例外的に「東京新聞」や「神奈川新聞」など一部の地方新聞のなかには健闘しているものがありますが、基本的に沖縄を除く日本のメディアは劣化しています（メディアと司法の劣化については、私の共著『米国が隠す日本の真実』詩想社、および『希望への陰謀』現代書館、などを参照）。日本外国特派員協会が真実を世界に知らせる窓口として、いま貴重な存在になっていること自体がそのことを物語っていると思います。

鳩山　なるほど。外国特派員協会を使ってさきほどの問題なども議論してみるのはおもしろいかも知れません。

木村　鳩山さんも何度かすでにされていますね。

命にかえてもたたかう人がいる

鳩山　必ずしも深く突っ込んだ話はしていません。これからやった方がいいと思います。それはそれとして、私は「砂川判決」は裁判所の自殺だと思います。裁判所は日米安保条約も含めて安全保障のような重要な問題に関しては判断をしないという立場ですが、これは裁判所が自分たちの権利を放棄した話ですから、まさに自殺行為です。裁判所が判断を下さなければ、政府の方針がそのまま認められることになります。こういう自殺行為を行った裁判所の判決を重用して、集団的自衛権の議論で利用するなどということは、日本政府も情けない。

私が心配しているのは、この論理を安倍政権はこれからも使い続けるだろうということです。まさに辺野古問題は国家の安全保障にかかわる話だから、裁判所としては現政府に対して逆らうような結論は出しにくい。実際、仲井眞知事時代の辺野古埋め立て承認を取り消すとして翁長知事が起こした裁判では、最高裁は一六年一二月、政府のいい分を丸呑みして沖縄の訴えを退けました。安倍政権は「砂川判決」があるものだから、その結論が出ることを見越してやっているのです。

木村　「砂川判決」の話は、日本が民主国家でも独立国家でもないことの証明であると同時に、結局日本では三権分立がほとんど機能していないということだと思います。行政が司法を、実際には立法をも支配しているのがいまの状況です。大田さんは代理署名拒否などで、県知事時代に国との訴訟を経験されていますが、その経験を踏まえて、現在の沖縄のたたかいの見通しや評価については、どのように思われていますか。

大田　司法が行政に従属しているのはまさにその通りです。アメリカの司法・立法・行政は三権が分離してきちんと独立しています。ところが日本の司法をみますと、行政に従属しているのです。

さきほど大阪が沖縄の基地を引き受けるといったという話が出ました。東京大学教授の高橋哲哉さんが基地を本土に引き受けようとさかんにいっています。一方、加藤周一さんがたえずいっておられたことは、「沖縄から本土に基地を移したら、たんに沖縄の痛みを本土に移すことになり、問題の解決にはつながらない。問題の解決は日米安保条約を破棄して、在日米軍を撤退させることだ」ということでした。

嘉手納で沖縄の四一の市町村長たちと議会議長たちが三年ほど前に集まったことがありました。そのときに議会議長たちもいっしょに「今回までは安保破棄とはいわないけれども、次に何か起きたら安保破棄といいます」ということを宣言しました。

この間、アメリカの日本大使館の政治担当公使が沖縄にやってきたので、私は「辺野古を強行したら、みなさん自身が困りますよ。安保条約はすぐに破棄されますよ」という意見をのべたのですが、苦笑いして「抑止力になっていますから」というのです。

辺野古新基地建設を安倍政権が強行しようとしていますが、強行したら必ず血が流れます。事件・事故が起こる可能性があります。自分の命をかけてでも阻止しようとする人々が沖縄にはいます。いま日本の対沖縄政策に対して沖縄中が怒っていますから、何が起こるかわかりません。一九七〇年には「コザ騒動」があったでしょう。コザ市民だけで五〇〇〇人が集まって、米軍の車両八三台を焼き払いました。そうした事件・事故が起こったら、行政がコントロールできない大変な事態になりかねないのです。安保条約そのものが破棄される恐れさえあるわけです。その点を日本の外務省や防衛省は知るべきだけれど、沖縄には防衛省の防衛局もありますが、全然感じとっていないようです。

このままでは深刻な事態に

木村　日本政府や官僚の情勢認識がすごく甘いのですね。沖縄をなめているともいえます。

鳩山　最後の最後になったら、翁長知事自身が座り込む、奥様も一緒に座り込むとおっしゃっています。私はそのぐらいの覚悟を知事夫妻だけでなく沖縄県民の多くの方が有しておられるのは、すごいことだと敬服しています。もちろん私も行動を一緒にしたいと思っていますが、そのような状況がこないようにしなければいけないと思います。大田さんがおっしゃるように流血の事態ともなれば、日米安保そのものが危うくなるでしょう。九五年の少女暴行事件の時以上に深刻な事態となるのですから。

さきほど、司法が行政に従属しているとおっしゃいましたが、安倍首相は「自分は立法府の長である」と二度ほど国会で発言されています。立法府の長は議長のはずですが、まさにこの発言に表れているように、行政が立法も司法も握っている状況です。大変恐ろしい話です。

大田　砂川訴訟のとき、最高裁長官の田中さんがアメリカの大使と裏で話をしたりしていました。日本の場合、司法も立法もみんな行政に従属しているとしかいいようがないです。

木村　じつは私は「小沢事件」といいますか、政治資金疑惑で結果的にはご本人は無罪になった事件も、そういった流れが現在まで続いている証明ではないかと思っています（鳥越俊太郎／木村朗［共編］『20人の識者がみた「小沢事件」の真実』日本文芸社、二〇一三年、を参照）。四〇年前に起こったロッキード事件での田中角栄元首相の逮捕もそれと同じ構図だと思います。完全に政治・行政・官邸から独立していない司法の姿がそこにもみえます。アメリカの直接・間接の影響もつねにそこにみられるのが、いまの日本の司法の実態だと思います。

（4）普天間基地問題をどう動かすのか

普天間基地移設問題の経過

木村　さて、普天間基地移設の問題が、今後の焦点となってきます。この問題を議論するため、原点にさかのぼることが大事だと思います。やはり一九九五年の「少女暴行事件」（正確には「少女集団強姦事件」）とその後の大田県政と国との、対立・譲歩を含めたいろいろなやり取りがあった上でのSACO（日米特別行動委員会）合意その他でここまできたといえます。私が一番謎だと思っているのは、いまの辺野古V字案になる変遷の過程で、当初は普天間基地返還だけが発表されていて、そのときの説明では隠されていましたが、その後、普天間基地返還は無条件ではなく、代替基地の提供などの条件付きであることが出てくるなかで、次第に代替基地の規模がどんどん大きくなって、いまの辺野古V字案が出てくることになったことです。

そこで、大田さんにお聞きしたいのですが、そもそも最初は普天間基地は五年から七年以内に撤去する、そして緊急避難的に嘉手納なら嘉手納に小さなヘリパッドをつくるという話があり、最初は陸上案だったと思うのです。嘉手納弾薬庫の話が最初に出て、その後嘉手納基地への統合みたいな話が出て、それがアメリカ側も「空軍が海兵隊といっしょにやるのはダメだ」とかいろいろなことがあって、嘉手納の案がつぶされるなかで、ではキャンプ・シュワブやキャンプ・ハンセンでいいではないかという陸上案の話だけで、小さなヘリパッドという案だったのが、滑走路つきの大きな飛行場をつくる話になり、嘉手納基地への移設に固執していた日本政府（橋本龍太郎政権）がある時点でいきなり海上案をもち出してきて、それが沖合の案から今度は陸上とつなげることになり、現在の形になったと認識しています。

普天間基地の「移設」の変遷にはいろいろあったようですが、本来ならば既存の米軍基地のなかにそれほど大規模でないものをつくって、五年から七年以内で普天間基地から海兵隊の大部分は出て行くという話だったと思うのですが、それがなぜこじれていまの案になったのでしょうか。

六〇年代から存在した辺野古への移設計画

大田　嘉手納基地に移そうという案が先なのです。その次に嘉手納弾薬庫の案が出たのです。嘉手納への移設案が出たときに、私はすぐ嘉手納基地に移設可能な場所があるかどうかを見に行ったのです。そうしたらそういう場所はゴルフ場しかないのです。ところがこのゴルフ場は狭くて、とても普天間基地を移せるような状態ではないので、嘉手納基地への移設はダメだといったのです。そうしたら、嘉手納弾薬庫に移す案が出てきたのです。嘉手納弾薬庫は読谷村といくつかの自治体にまたがっています。そうすると二万五〇〇〇本くらいの松の成木を切り倒さないと、普天間基地を移す場所はつくれません。環境問題に厳しい目が注がれているときに二万五〇〇〇本の成長した木を切り倒すのは到底納得できないと拒否しました。

日本政府は普天間基地の移設先を最初は「沖縄本島の東海岸」とばかり考えていて、辺野古とはいいませんでした。しかし、辺野古への基地集約計画というのは、沖縄が日本に復帰する話が始まった一九六〇年代からあったことです。半世紀前に米軍によって計画されたものです。というのは、アメリカが一番重要視している基地は嘉手納以南の人口が一番多い那覇に近いところに集中しているものであり、沖縄を日本に復帰させ、平和憲法が適用されるようになると、沖縄住民の権利意識がますます強まり、この基地を運用できなくなる恐れがあると考えたのです。そこでアメリカのゼネコンを呼んで調査した結果、辺野古の大浦湾が一番いいということになり、嘉手納以南の基地をひとまとめにして大浦湾に移す計画を六六年と六七年につくったのです。普天間飛行場の滑走路を移設するだけでなく、海軍の巨大な桟橋をつくり、航空母艦も横づけにして強襲揚陸艦なども入れようとしました。反対側の陸地には、核兵器を収納できるアメリカの陸軍の巨大な弾薬庫をつくる計画を立てました。

あのときは移設のための建設費も維持費も米軍の自己負担だったのですが、ベトナム戦争の最中で資金がなくなってしまいます。また、アメリカと日本の政府は「沖縄が日本に復帰しても、基地の自由使用は認める。核兵器はいつでも持ち込める」という密約を結びました。それでアメリカは安心してこの計画を放置していたのです。これが半世紀後のいま息を吹き返して、今度は移設も建設費も維持費も全部日本の税金で負担せよということになっています。半世紀前に計画したものが、いまはみんな日本の税金で実現できるとは、アメリカにとってはこんなによい話はない。だから辺野古に移設せよと求めているのです。

木村　そうなった経緯はアメリカの要求があったというよりも、日本のゼネコンの利権や自衛隊の思惑などいろいろなことがあってのことだと思います。

大田　日本側がアメリカのいいなりになっているのです。

木村　日本側がアメリカのいいなりになっている部分と、みずからアメリカの意向を忖度する素振りをしながら、自分たちの利権や意向を通そうと向きもあるのではないかと思うのですが、いかがですか。

鳩山　そこは木村さんのおっしゃっている可能性は十分あると思います。

合意した後に条件が

鳩山　ただ、いまのお話の原点というか、最初に橋本首相（当時）とモンデール駐日大使（当時）が普天間の撤退に合意をしたときは、条件はなかったでしょう。

木村　最初はそうでした。

鳩山　それは日本の役所が真実を隠していたということはないですか。もともとペーパーになかったのですか。どうもそこは私もよくわからないのですけれども、あるのを隠していた可能性はあるのではないですか。

木村　その可能性もあると思いますが、当時の橋本首相が発表したときのコメントでは「沖縄の既存の米軍基地のなかにつくる」といういい方をしていたと思います。

鳩山　当時はオスプレイの話はないですから。

木村　オスプレイはずっと前から配備計画がありましたが、それは隠されていましたね。

大田　一九九六年の一月に、われわれは「基地返還アクションプログラム」というものをつくって、二〇〇一年までに一番返しやすいところから一〇の基地を返してくれ、二〇一四年までに一四の基地を返してくれ、二〇一五年になると嘉手納を含めて残りの一七の基地を全部返してくれ、二〇一五年になったら沖縄は平和な社会を取り戻せるから、これを日米両政府の正式な政策にしてくださいと提出したわけです。

そうしたら橋本龍太郎総理（当時）が一九九六年二月に訪米することになり、密使として秩父セメントの諸井《もろい》虔《けん》さんを私のところに派遣したわけです。諸井さんと私は那覇市内のホテルで二人だけで会いました。そうしたら諸井さんが私に「橋本総理の友人だけれども、沖縄が基地を引き受けないので総理が対米的に非常に苦しんでいて見ていられないから、何とかならないか」というのです。私は「沖縄戦を体験して、二度と沖縄を攻撃の的にさせない、戦場にさせないというのがわれわれが生きている意味だと考えているから、基地だけはどなたがおっしゃっても引き受けることはできません」と断ったのです。

そのとき、諸井さんが、「二〇〇一年までに一〇の基地を返してほしいという要求のなかで最優先に返してほしいところはどこか」と聞くものですから、私は「それは普天間です」と答えました。なぜかというと、周辺に一六の学校があり、滑走路の延長線上に建物をつくってはいけないクリアゾーンはあるし、人が住んではいけないようになっているからです。周辺には普天間第二小学校ができて、四〇〇〇人くらいが住んでいるのです。だから一番危ないから真っ先に普天間を返してくれといったら、普天間を付け加えて、一一返すことを日米政府が合意したわけです。橋本総理（当時）が、一九九六年二月にアメリカを訪問されて、初めてクリントン大統領に普天間基地返還問題を提案しました。帰ってこられて、四月一二日にモンデール駐日大使と二人で会談し普天間基地の返還を決定して、私のところに直接電話があったのです。

私たちはすごく喜びました。ところがその後になって、「一一返すけれど、そのうちの七つまでは県内に移設」というわけです。移設すると耐用年数が尽きるまで米軍は勝手に使えるのです。だから「それは到底納得できません」と拒否しました。普天間基地の問題についてはそういう背景があるわけです。

アメリカ側は県内に固執していない

木村　二〇一五年一一月九日の「琉球新報」にモンデール氏のインタビュー記事が載りましたが、モンデール氏は、米軍の普天間飛行場の移設先について「われわれは沖縄とはいっていない」と述べた上で、「基地をどこに配置するか決めるのは日本政府でなければならない」との考えを示し、返還合意の際に付した県内移設の条件は日本側の要望に沿ったものであることを示唆しました。さらに、名護市辺野古移設計画については、「日本政府が別の場所に配置すると決めれば、私たちの政府はそれを受け入れるだろう」と付け加え、米政府が計画見直しに柔軟な姿勢をとる可能性に言及したと伝えられています。もしこの証言が事実であれば、日本政府の意向で県外・国外移設の大きな機会を逸したことを意味しており、明らかな国民（特に沖縄県民）への背信行為にほかなりません。

松島　アメリカ政府としては琉球の米軍基地を韓国などほかの国や地域に移してもいいと何度も提案してきましたが、日本政府がそれを蹴って、「沖縄県内への移設」と発言してきたわけです。それから、将来辺野古基地ができたとして、その後に海兵隊はグアムとオーストラリアのダーウィンとハワイに移動する。沖縄島北部にあるキャンプ・シュワブは海兵隊の基地ですから、海兵隊がいなくなればほかのアメリカ軍が入ってきたり、自衛隊が来るのではないかと思うのです。集団的自衛権ということでいっしょに訓練などができる態勢に法律上なったわけですから、今度新たに自衛隊基地が建設される宮古・八重山諸島や奄美諸島の基地も米軍が使うことになると思うのです。辺野古の新基地を誰が使うのかを考えると、自衛隊が主体的に使う可能性が高いと考えます。

地政学的に米軍基地が琉球にある必要がなく、ほかの場所でもよいという米政府の提案を何度も日本政府が否定してきた理由がここにあります。巨額の国費を投じて日本政府は辺野古新基地を建設するのですから、そのような見返りを期待してもおかしくありません。そこで日本政府は辺野古や高江の米軍基地を、琉球人の民意を押し切ってまで、暴力的に建設しているのです。琉球を日本の「浮沈空母」「要塞」にし、琉球の脱植民地化運動、独立運動を押さえ込もうとしています。

ソ連の脅威から中国の脅威へ

鳩山　自衛隊を宮古、八重山、奄美も含めて強化するのは、北海道にいる自衛隊の役割が減ったことと関係があります。ロシアが攻め込んでくるために本来自衛力として存在していた自衛隊ですが、北の脅威がないということで、彼らの仕事がなくなると困るので、南の方に移したわけです。新しく仕事をつくったわけです。

木村　「初めに（現実の）脅威ありき」ではないのです。

鳩山　そのために脅威というものをつくっていった。「中国脅威論」というものをつくって。

松島　北海道のときには「ソ連脅威論」でした。

鳩山　「ソ連脅威論」がなくなったものだから、「中国脅威論」という話になっている。中国が攻めてくるはずがないじゃないですか。あるいは攻めてくることがあり得ないような状況にしなければいけないのです。原発の施設を五四基もっていれば、そこのいくつかを狙われたら終わりなのです。ミサイルに対してミサイルで撃ち落とすなどというのは、まさにこれもつらおしまいです。まず実現不可能です。そうすると守れないのです。もし攻められるということになったら、これは日本自身が壊滅的な打撃を被るのは明らかなのです。勝てるとかいう話ではないのです。ですから、絶対に戦争というものは起こしてはいけないのです。とすれば、自衛力で戦争を防ぐという発想はあり得ないのです。

木村　私もそう思います。

鳩山　それは逆に緊張感を高めるだけで、けっして意味をなさない。むしろ有害なのです。

木村　イスラエルなどは、原発はもたない、核関連施設はみな地下に置く。だから戦争をいつでもやっているのです。だから逆説的にいえば、いま戦争を挑発して起こそうとしている人たちが原発を放置したままでそれをやろうとしているのは、本当に狂気の沙汰だともいえると思います。やっていることが本当に支離滅裂です。だいいち冷戦時代にソ連の脅威があったときに、ソ連に近い日本海側の福井県などに集中的に原発をつくる無神経さが信じられません。

松島　日本軍、米軍が住民を守らないのは、沖縄戦や戦後の米軍統治時代の現代への教訓でもあります。島嶼《とうしょ》社会というのは海で囲まれていますから、島で戦争が発生すると住民が必ず戦争に巻き込まれる、逃げ場所がない。そのときに島にいる軍隊は住民を盾に使ったり、場合によっては虐殺することになるのです。そういうことを琉球の人は知っています。知っているから米軍や自衛隊に反対するのです。島において軍隊が住民を守ることはあり得ないということは、大田さんはみずから体験されていると思います。そういう無理筋を日本政府はやっているのです。琉球の歴史や、琉球の人々の思いに寄り添おうという意志が日本政府からは微塵も感じられません。

本土移設論をどう考えるか

木村　それは原発政策にもいえますが、いまやっていることは本当に「棄民」政策です。国民の安全をいっさい考えていないやり方は、基地・安保政策とも重なると思います。

その点で、先ほど出た基地の引き取り問題とも関連するのですが、いま「オール沖縄」で「県外移設」といわれる場合がありますが、それは必ずしも「イコール本土移設」ではなく、「国外移設も含めた県外移設」だと思うのです。「琉球新報」などの世論調査でも、沖縄の方々が一番望むのは「普天間即時閉鎖・撤去」、二番目が「国外移転」、三番目がいわゆる「県外移転」

という意味での「本土移転」でした。

　鳩山政権のときに、政府として正式に全国の都道府県知事に集まってもらって沖縄の基地の公平分担で受け入れられるところはないかを問うたことは画期的で、それ自体は非常に評価できることだと思うのです。それに対して大阪の橋下徹さんがパフォーマンス的に動いたことで「おお、橋下、いうじゃないか」と、沖縄では評価が少し高まったとも聞いていますが、しかし、知事の立場からそれをパッといえるというのは、独裁的な知事だからです。そうでなければ、むしろそうは思ってもなかなかいえない実情があることを知っておく必要があると思います。それから、いま普天間基地を辺野古に強行的に移設しようとしているのですが、それを止めたときの選択肢として本土に新しい基地をつくることは、はたして現実的なのでしょうか。

　私はやはり国外移設が最優先で、それを主としてやりつつ、部分的に県外移設でというような、国外移設と県外移設をセットにしたような案が現実的だと思います。例えば、孫崎享さんや田岡俊次さんが提唱されていた案ですが、普天間基地の海兵隊の主力部隊は（暫定的に嘉手納かキャンプ・シュワブ内に小さなヘリパッドを建設して）最終的に国外（グアム・テニアンかアメリカ本土など）に移設し、揚陸艦が寄港している長崎県の佐世保港に近い海上自衛隊・大村航空基地ともう一つの陸上自衛隊・相浦駐屯基地に二〇〇〇～三〇〇〇人の海兵隊を分散移設するのは有力な案だと思います。国外移設と県外移設をセットにしたようなこのような案だったら実現可能であると思います。

国外移設の問題をあまりいわずに本土移設だけを考えて、本土に新しい基地を、それも既存の米軍基地や自衛隊基地ではない別のところにつくるという発想も「全土基地方式」を前提としているだけでなく、現実的であるとはいえません。岩国基地もいま拡大されていて、これ以上の拡大はできないくらいの状況になっているなかで、「県外移設イコール本土移設」だというこことがはたしてどれほどの説得力をもつのか。私は国外移設を中心にして考えるしかないのではないかと思っています。本土の一部の既存の自衛隊基地や米軍基地のなかに沖縄の基地をもっていく、あるいは訓練を本土に一部移すことはもちろん可能だと思います。重要なことは、沖縄を含む日本全国にある米軍基地の縮小・撤去にいますぐにでも方針転換し、沖縄から最優先に米軍基地撤去に着手していくということです。

それと、さきほど出された高橋哲哉さんなどの「基地引き取り論」というのは、八割以上の本土の日米安保を容認している人だけでなく、日米安保を否定し、その解消を唱え、基地に反対している人も含めて基地引き取り運動をやる義務があるといいます。それは、日米安保や基地に反対している人々も結果的にそれを実現できずに、沖縄に基地の過重負担をずっと押しつけることになっているという意味での共犯者であるから、それを放置することは許されない、という論理で批判をされています。しかし、私はこうした議論の立て方には少し無理があるのではないかと思っています。

たとえば高橋哲哉さんがそれぞれ目取真俊《めどるましゅん》さんや辺見庸さんと対談されたときも、あまり議論が噛み合っていなくて、論理的には目取真さんや辺見庸さんの方が説得力があると私は受け取っています。ただ高橋さんが出されている問題提起自体はものすごく大事なことであり、あの方は沖縄の知念ウシさんや野村浩也さんなどから出されている日本人の「無意識の植民地主義」の告発に対して応答責任を真摯に果たされている。本当に日本の良心ともいえる方だと思います。そのへんは微妙に問題がねじれている部分があるわけですが、松島さんはこの問題をどう思われますか。

日本から離れる方法も

松島　いわゆる県外移設論は、琉球に日本にある米軍専用基地の大部分を七〇年以上も押しつけていることを、他人ごとではなく、自分の問題として考えてみようという大きな問題提起の一つだと考えています。県外移設論は、どこに、どのような米軍部隊の移設が可能なのか、それを日米両政府とどのように具体的に交渉するのかという、軍事戦略上あるいは戦術上の議論を巡るものではないと考えます。

哲学者の高橋哲哉さんが琉球側からの問いに日本人として応答しているように、琉球人と日本人との関係性を考える哲学的、思想的な議論ではないでしょうか。日本人全体に対する琉球人の主張、怒りの声を日本人が自分のこととして受け止め、無視するのではなく、ちゃんと誠意をもって答えるかどうかが問われているのです。「あなたは他人ごとと考えていいのですか。

こういう差別をしていいのですか」という、琉球側からの問いかけに対して日本人はこれまでちゃんと応答してこなかった。しかしそれで諦めるのではなく、とことんまで日本人の植民地支配意識を揺さぶろうという、琉球人の強い意志を県外移設論から感じることができます。

具体的に米軍基地をどうやってなくすかを考えたときに、県外・国外の移設論があります。国外の場合グアムという意見がありましたが、先住民族であるチャモロ人が住んでいます。ハワイには先住民族のカナカマオリの人たちがいます。アメリカ本土の場合はネイティブアメリカンの人たちのところに行くかも知れません。このように、被植民者のところにまた押しつけられることが考えられるわけです。近年、チャモロ人が毎年のように琉球にやってきてグアムにおける基地問題、脱植民地化運動、独立運動等を説明したことにより、グアムに在沖米軍基地を移設すべきという意見は出なくなりました。

現在、琉球人は日本国民であり、本来なら憲法の下において平等に扱われてしかるべき存在ですが、「復帰」後四五年たっても、不平等、差別の対象になっています。新基地建設反対の住民運動を展開しても、不当逮捕がなされ、裁判所も政府の立場を支持して、沖縄県知事を敗訴に追い込むことがこの国で行われてきました。そのような状況においては、国連や国際法を活用して独立する形で米軍基地をなくしていく方法も考えてみなければならないのです。

いろいろな複雑な問題が出てくると思いますが、いずれにせよ琉球・沖縄から米軍基地をなくすにはどうしたらいいかということで、私は独立という方法がある意味で最も早いのではないかと思っています。日本国民の大部分が「琉球にこれ以上犠牲を押し付けたくない」という声を発するようになるまで、これからどれくらい待たなければならないでしょうか。琉球人は国際法で保障された人民（民族）の自己決定権を既に有しているのであり、自らの意志で独立して、米軍基地をこの島から一掃することができます。他者に期待するのではなく、自らの力で基地問題に決着をつけることができる具体的な方法が琉球独立なのです。辺野古、高江、普天間、嘉手納という基地反対運動の現場において住民の運動をやりつつ独立への道を着実に進めていく。

琉球は日本という国のなかでは人口にして一％、面積にして〇・六％というマイノリティですが、そのような少数者がいかに「反対、反対」といっても、九九％の人間が多数決原理を用いて基地の犠牲をワーッと押しつけたらどうしようもありません。いまの安倍政権はなおさらそういう状況なので、日本から離れて琉球の人々の生命を守る方法を考えるべきではないかと思っています。

選択肢はいくつもある

鳩山　私は、武力によって真の平和はもたらし得ないと考えています。対話と協調という外交力によってしか真の平和はつくれないのです。海兵隊は本当に必要かという海兵隊削減論もアメリカに存在しているわけです。ただ米国の議会のなかでその意見に反対する人たちが力をもっているからなかなか実現しないのです。米軍のなかでも海兵隊の役割の見直しが冷静に起きていると理解しています。

そういうなかで沖縄における海兵隊、普天間基地はどこかへ移設する必要があるのかを、もう一度きちんと議論する。日米でしっかりと議論させなければいけないと思うのです。

さきほど大田さんがお話しされたように、このまま辺野古新基地建設を強行したら大変な事態になりますから、辺野古強行は絶対にあり得ないと私は思っています。だとすると、何かほかのことを探すべきです。もっと原点に戻って、日米安保の話も含めて、少なくとも海兵隊はどこかに行かなくてはいけないのかということから、考え直す必要があると思います。もし多少減らしてでも海兵隊が必要で、どこかに移設しなければならないとしても、ローテーションのやり方があり得るのではないか。そうすればどこかに基地を新しくつくる必要はないのではないでしょうか。そのなかで一部佐世保など九州辺りの地域を、常駐ではなくローテーションの一端を担わせるやり方はあるでしょう。さきほどのオーストラリア、グアム、テニアン、ハワイも含めてのローテーションで十分にこなせるのではないか。新しい辺野古への基地はつくらないやり方は十分にあるという考え方です。

安倍首相がつねに「辺野古が唯一の解決策」だとおっしゃっていること自体が間違っていると思っています。唯一ではなく、現にいろいろな可能性はあるのですから、それを認めれば、いかに彼自身が正しくない議論をしているか、多くの方に理解されると思います。大手メディアのなかでは「辺野古は唯一だ」という言葉自体が間違っているという論調になっていないところが、逆に私にとっては不可思議です。

結論とすれば、辺野古以外の代替地は十分にあるし、まずスタートから、海兵隊の存在意義から考え直していきながら、結論を生み出すことは十分に可能です。むしろ私はアメリカの方が柔軟に対処する能力をもっているように思います。

大田　二〇〇四年に日米再編に関するロードマップが発表されました。それを読みますと、沖縄の海兵隊八〇〇〇人と家族九〇〇〇人をグアムに移すことが日米で合意されました。その費用が一〇三億ドル。そのうちの六〇億ドル、約七〇〇〇億円を日本側が持つことになったわけです。これが実際にいざ話が進んでいるときに、アメリカ上院の軍事委員会の有力議員三名が、「一〇三億ドルでは到底移せない。あと八五億ドルくらいかかる」といって、干渉してきました。ハワイに移す予算を三年分凍結したのです。だから移せなかったのです。

それでいまは、八〇〇〇人を移すのではなく四七〇〇人に削り、オーストラリアの北のダーウィンが引き受けてよいといって、オーストラリア政府とアメリカ政府が条約を結びました。ハワイとグアムとフィリピンが基地を撤去させましたが、「常駐ではなく一時的演習のためなら引き受けていい」といってきたわけです。八〇〇〇人を四七〇〇人に削り、オーストラリアのダーウィンとグアムとハワイとフィリピンに、常駐ではなく演習をさせるために分散していく。そういう方向にいま変わってきているのです。

「重大な岐路」という覚悟

木村　辺野古だけでなく高江も含めて普天間基地移設や米軍基地問題の処置を日本政府が誤ると大変なことになると思います。翁長知事も、「重大な岐路」にこれから立つのではないかという懸念というか覚悟を表明されています。その「重大な岐路」というのが日米安保の廃棄や解消の話なのか、海兵隊の撤去だけでなく嘉手納基地も含む全米軍基地の撤去を要求するぐらいまで沖縄が行き着くのか。あるいは、松島さんも提唱されているような、自己決定権の最後の選択肢としての「独立」をも示唆・提起するようなことになるのかはわかりません。いまいえることは、そのように重大な岐路に沖縄が立たされるまできているということです。それを日本政府も日本のメディアも世論も、つまり私を含む本土の人びとが気づいていないことがいま最も大きな問題だと思います。

松島　そもそも論に戻りますが、普天間基地の代替施設だと日本政府はいって工事を始めたのですが、それは代替施設ではなく、軍港や弾薬庫が新たにつくられるわけで、基地機能の強化になるのです。しかも二〇〇年もつというのです。われわれの子や孫やその次の世代までこの島を米軍基地にするという日本政府からの命令に対して、琉球の人たちがたたかっているのです。

辺野古も高江も「山原《やんばる》」（沖縄島北部の、山や森林など自然が多く残っている地域）と呼ばれている自然が豊かな地域にあります。辺野古においては珊瑚礁を埋め立てて、ジュゴンも来る貴重な海洋生物・海洋資源をも破壊しようとしています。日本政府は環境省をつくって「自然を守りましょう」といいながら、一方で貴重な琉球の海の資源をつぶそうとしているわけです。高江においても、ヤンバルクイナ、ノグチゲラという世界的に貴重な動植物がいる地域を米軍基地として破壊しており、環境問題としても大きな問題があります。

ですから、地域住民をはじめ、日本中、世界中から市民がやってきて支援活動をするのは当然のことだと思うのです。政府はそれに対して「犯罪者予備軍」「犯罪者」であるかのような扱いをし、次から次に逮捕し、市民に暴力をふるっています。法律を守るべき警察や機動隊、海上保安庁という国の機関の公務員が法をおかしているのがいまの琉球で起きていることなのです。抗議する人たちは監視カメラに撮影されていて、それがさらなる弾圧に使われる恐れもあります。

現在、山原の地域に日本政府が暴力的に介入し、琉球人の土地を奪って、自らのものに変えていくということを行っていますが、戦前にも似たようなことがありました。戦前は「杣《そま》山《やま》」という形で村人の共同の森として山原の山が使われていたのですが、奈良原繁（一八三四―一九一八）という強権的な知事が自分の配下の者に土地を分けていきました。それに対して謝花昇《じゃはなのぼる》（一八六五―一九〇八）という琉球の社会運動家を中心に反対運動が起こるわけですが、それもつぶされていく。こうした戦前と同じようなことが現在の山原で行われているということは、琉球への差別の繰り返しではないかと思います。

普通の感覚の人なら止めてほしいと感じることをいま日本政府・安倍政権がやっています。例えば〝金〟の配り方です。辺野古では名護市長を飛び越えて、各地区の区長に日本政府が直に現金を渡しているのです。

グアムでも基地計画を撤回させたことがある

木村　それは正式の行政組織ではなくて任意団体に対してですよね。

松島　地方自治の原則にも反したおかしなことを日本政府は白昼堂々やっているのです。金で米軍基地を押しつけていくやり方を日本政府はやっているのです。このような状況にある琉球は日本の植民地であるといえます。

木村　辺野古・高江はまさにその縮図であるということですね。

松島　私はグアムの研究もしていますが、グアムでもパガットという地域に実弾発射の訓練場を米軍がつくろうとしたときに、住民が抵抗して、現地に住民が乗り込んで建設反対を主張し、裁判に訴えて撤回させたことがあります。そこはグアムの先住民族チャモロ人の古代の村があった場所であり、遺跡も残っており、チャモロ人の聖地としても認識されています。そのようなところを米政府は破壊して、実弾を海に向って直接発射する訓練場をつくろうとしたのです。琉球でもいまのような住民運動がさらに激しくなれば、辺野古、高江の基地建設強行を止めさせることは可能であると思います。

大田　鳩山さんの「県外移設発言」が支持されたわけですが、あのころ小沢一郎さんが「この時代に前線に部隊を置いておく意味はあまりない。軍事戦略的に第七艦隊がいまいるから、それで米国の極東におけるプレゼンスは十分だ。あとは日本が極東での役割をしっかり担っていくことで話がつくと思っている」。つまり、「アメリカ第七艦隊だけがいればいい」といったでしょう（二〇〇九年二月二四日）。あの発言も沖縄で非常に支持されたのです。

「県外移設」と「有事駐留論」はリンク

木村　重要なことをいっていただきました。鳩山政権のときに打ち出された「できれば国外移設、最低でも県外移設」の方針も、普天間基地の移設に関連してたんなる思いつきで出た方針ではなく、もっと理論的なバックボーンがありました。それは、「有事駐留論」、すなわち「常時駐留なき安保論」です。そういうきちんとした背景があるなかで、いま指摘された小沢一郎氏による「第七艦隊発言」がありました。そのときは「軍事的には素人の発言だ」とバッシングされたのですが、それは当たっていないと思います。私も小沢さんと同意見です。アメリカ軍にとって一番重要な基地は、極東最大の空軍基地である嘉手納基地でも、ましてや普天間基地でもなく、神奈川県の横須賀基地です。なぜなら、第七艦隊の空母の海外にある唯一の母港ですから。それは世界でも日本の横須賀基地しかないわけで、そこがもっとも重要だという指摘はある意味当然で、私は小沢さんの指摘は当たっていると思うのです。

普天間基地の国外移設、県外移設をつぶそうとした背景には鳩山・小沢両氏が「有事駐留（常時駐留なき安保）論」の立場からタッグを組んで米軍基地問題に取り組んでいることへの脅威があったと思います。さらにいえば、鳩山さんが「東アジア共同体構想」を打ち出して、普天間基地移設問題以上にアメリカの「ネオコン」や「日米安保マフィア」といわれるトップグループを怒らせたということがあったと思います。中国の台頭が脅威だといわれていますが、実際は中国の台頭自体はアメリカにとっては軍事的には何ら脅威ではまだなく、その中国が日本と韓国などと協力して連帯することがアメリカにとっては最大の脅威なのです。そのアメリカにとっての悪夢がまさしく「東アジア共同体構想」で、これを何としてもつぶさないといけないという強い意思が、軍事・安全保障の問題における「有事駐留（常時駐留なき安保）論」が力をもつと大変だという恐れとともにあったのではないかと思うのです。

アーミテージ氏も理解してくれた

鳩山　「有事駐留論」の話をいただいたので、少し補足させていただくと、旧民主党を一九九六年に立ち上げたときにうたったのが、「常時駐留なき安保」ということでした。ジャーナリストの高野孟《はじめ》さんが起案して、われわれがそれを政策にしました。いますぐにすべての基地をなくせといってもそう簡単ではないけれど、五〇年、一〇〇年先にも米軍が日本に駐留しているのは世界史的にも不自然である。もうすでに七一年間駐留しているのですから、非常に不自然な状況ですが、これでは本来独立国ではない。時間がかかっても基地のない日本を、真の独立を求めてつくりあげていくべきではないか。その一歩として「常時駐留なき安保」という考え方があるだろう。本当に必要なときにアメリカに協力を求める。日本が他国の攻撃を受けて、このままではやられてしまうときのみ米軍の協力を求めることにして、そうでないときには駐留をしないということで、まさに「有事駐留」という話です。

私がさきがけという政党に属していた時代に、アメリカの元国務長官補のアーミテージさんにアメリカで会ったときに「有事駐留論」「常時駐留なき安保」が議論になりました。最初はまったく反対だといっていましたが、議論を進めるうちに理解を深めてくれたのか、「鳩山のいっている『常時駐留なき安保』はわかった。それはいい。でも名前を変えろ。Conditional Stationing（条件付き駐留）といういい方にしろ」いうように変わりました。それはともかくとして、私はむしろアメリカの方がこういった議論に関しては聞く耳をもっていると思います。聞く耳をもたないのはむしろ日本の政府の方で、一度決めた方向にこだわるのです。「常時駐留なき安保論」は徐々に民主党のなかでも大きな声を上げる人がいなくなってしまいました。でも本当はいまこそこういう議論がなされるべきときがきているのだろうと思っています。

ならばアメリカ軍が撤退する代わりに自衛隊をどんどん強化しなければいけないという議論が一方で出てくるわけですが、そうではありません。必ずしも自衛隊を増強するのではなく、むしろ軍事力を強化すれば相手も強化して、抑止力が落ちてしまう懸念さえある。

木村　それは、まさに「安全保障のジレンマ」ですね。

鳩山　そうです。だから軍事的な自衛力ではなく、外交的な対話と協調という自衛力を高めていくことが大事で、何も軍事力を高める必要はないのです。その一つの考え方の柱が「東アジア共同体」で、私は経済の問題以上に、中国と日本と韓国の協力で災いを未然に防ぐことが、東アジア全体を不戦共同体にする重要な意味があると思います。ただそのことがアメリカには必ずしも正確に伝わらなかったことと、アメリカにとってみれば中国と日本と韓国をうまく乖離させておく、あまり接近させない方が有利だという発想の下で、「東アジア共同体構想」がアメリカ政府のなかで懸念を呼んだのではないかと思います。

松島　アジア・太平洋の地域と関連してですが、一八九八年、米西戦争でアメリカがスペインに勝ちました。スペインの植民地であった太平洋のフィリピンもアメリカの植民地になったわけです。その後フィリピンはアメリカから独立したのですが、独立後もアメリカ軍基地がありました。しかし一九九一年にスービック海軍基地、クラーク空軍基地を返還したのです。基地がなくなってから米軍はつねに駐留しているわけではないけれど、有事のときにはやって来るという条件になっているのです。長い間アメリカの植民地であったフィリピンでさえ、こういうことを実現したのです。日本でいまだにそれが実現できないのは、まだ植民地であることの一つの証明であると思います。

私が研究の対象としているパラオ共和国は、一九九四年にアメリカの信託統治領から独立しました。正式にいうと自由連合国という国で、内政権と外交権はパラオ政府がもっていますが、軍事権はアメリカがもったままです。その代わりにいろいろな援助金が提供されるという条件で独立したわけです。

パラオにも小さな基地のようなものがあります。私もなかに入ってみたのですが、ゲートもオープンにして、なかにはテニスコートなどしかなく、琉球の基地とは全然違うものなのです。パラオも主権国家としてアメリカと交渉して、有事のときにアメリカ軍が軍事権を行使するという限定した形を米政府に認めさせてきました。いまでは、土木工事を行う米陸軍工兵隊が若干いるだけあり、実質的には軍隊が駐留していない状態なのです。琉球のように軍事訓練をすることがまったくなく、軍事基地もないのです。パラオは人口二万人、石垣島の半分以下です。そういう小さな国でさえ最低限、国としてやるべきことをやっているのに、日本はやっておらず、大きな問題だと感じます。

トランプ登場がチャンス

木村　「有事駐留（常時駐留なき安保）論」に関連してもう一つみなさんにお聞きしたいのは、アメリカの大統領になったドナルド・トランプ氏が、選挙中、「世界の警察官」の役割を続ける能力がいまのアメリカにはなくなってきているので世界から米軍を引き揚げる、日本からも韓国からも米軍を撤退しようという問題提起をしました。それでも日本や韓国が米軍に駐留してほしいというなら、駐留経費を一〇〇%肩代わりしろという発言をしています。

トランプ大統領の下で中長期的には米軍が沖縄・日本から徐々に撤退していく可能性もあるということなので、それは沖縄・日本にとっても、特に七〇年も米軍の駐留が続いていること自体が異常だと感じている人にとってみれば、ある意味では自立のための大きなチャンスではないでしょうか。米軍が撤退したら軍事費を三倍にも四倍にも増やして自衛隊を増強しなければならないというのは本末転倒ですが、そうはせずに米軍を徐々に沖縄から最優先に撤退させていけば、沖縄の基地問題解決につなげるためのチャンスにもなり得ると思うのですが。

大田　元駐日大使のマンスフィールドさんという方がいらしたでしょう。マンスフィールドセンターというものがホワイトハウスの斜め向かいにありまして、そこに毎年アメリカの大学の若い教授や政府の若い職員三〇名ほどが集まって一年間、日本研究やアジア研究をしています。この人たちが毎年沖縄に来ます。そのたびに私は昼食会に呼ばれて食事をしながらいろいろな質問を受けるのです。

「アメリカが日本を守るなどということはあり得ない」とアメリカの人たちはいっています。「命をかけてまで、なぜよその国を守るか」とはっきりいうわけです。アメリカはそのように沖縄にまで毎年三〇名を派遣して勉強しているのです。ところが日本はそういうことをやっていない。アメリカに日本の若手有志を三〇名から五〇名くらい派遣して、いま日本がアメリカに従属している問題を議論させたらいいのだけれど、そういうことを日本はまったくやりません。アメリカのものの考え方、行動のしかたを利用してやった方がずっと効果的だと思うのです。

私は県知事在任中、アメリカに七回毎年行ったのです。そうしたらいろいろな人が応援してくれました。アメリカ人は理解してくれるし応援もしてくれるのです。ところがどうも日本政府のやることをみていると、従属ばかりして、自立しようという気概がないのです。全然主権国家らしくないのです。

木村　まさしくトランプ氏に対する反応がそうなのです。米軍に出て行ってもらっては困るという反応が日本側から一挙に出てきているのが現状です。

トランプ氏の言明を正確に理解して

鳩山　トランプさんはいろいろ誤解しているところがあります。例えば「日米安保ただ乗り論」みたいなものを信じておられるところは、昔の発想です。その辺は正さなければいけないと思うのですが、それに乗っかって「日本が米軍に、このままいてほしいのだったら、もっと全額金を出せ、ただ乗りしているじゃないか、けしからん」という話をした場合には、「ならばお引き取りくださって結構です。もう米軍の基地は、私どもは要りませんから」といい切れる政権であってほしい。いまの安倍政権ではまったく無理だと思います。へたすると妥協して「思いやり予算を増やします」みたいな間違った方向に行きかねないのですが、そうではなく、ここはある意味で日本人自身が日米安保とは何であるのか、原点を勉強するいいチャンスだと思うのです。

トランプさんが安保ただ乗り論をわれわれに突きつけて、金を出さなければ引き揚げるぞといっているのなら、それを正確にわれわれは理解しなくてはいけません。日米安保はけっして日本の安全を守るために存在しているものではないことをアメリカ人はわかっています。それを日本人はわかっていないわけです。日本の多くの人たちは「アメリカによって守られている」とまだ信じている状況ですから、「そうではない。ではどうするのか」と、日本人が考えざるを得なくなるわけです。考えるチャンスが生まれるとすれば、私はいい機会だと思っています。だからトランプ大統領が望ましいといっているわけでは必ずしもないのですが、あの人は経営者だから取引みたいに高くふっかけて、最後は適当なところで落としどころを考える人かも知れません。意外におもしろい展開ができる可能性があるのではないでしょうか。

木村　いまいわれたことはすごく重要なポイントで、私もその通りだと思うのです。トランプ発言というのは「思いやり予算を日本側から切れば、もう米軍は撤退していくのだ」という、これまで隠されてきた本質的な問題を浮上させてくれています。

自衛隊基地の建設も進んでいる

松島　トランプ氏は反イスラム教の主張が強く、戦争を仕掛けるような過激な集団であるイスラム国（ＩＳ）などの反発を生んでいます。それではさらに世界中が大混乱になる側面もあるので、トランプ氏のあいった発言に対して日本全国で議論するようになればいいのですが……。トランプ氏が日本政府が応分の負担をしなければ米軍を撤退させると主張したら、安倍政権は「上納金」を増やし、琉球を犠牲にし続けるのではないでしょうか。

いまのところは議論どころか、「基地はこのまま沖縄に押しつけておけばいい」という意識をもった人が多いのではないかと思います。先島諸島（宮古・八重山諸島）や奄美諸島では自衛隊の基地が新たに建設予定であり、与那国島では多くの島民の反対を押し切って基地が建設されました。石垣島や宮古島では五〇〇名規模の陸上自衛隊基地建設のための予算もつけられました。

木村　私のいる鹿児島県内にある奄美諸島でも同じ状況です。

松島　そういうふうに琉球列島が自衛隊つまり日本軍の基地になっていくなかで集団的自衛権の法律が通ったわけです。グアムへの在沖海兵隊の移設等でアメリカ軍が減っていく代わりに自衛隊が琉球列島にさらに増えてくる。それは「島しょ防衛」または「離島防衛」といわれており、中国や北朝鮮のターゲットになるような、また琉球が犠牲になるような戦略を日本政府は考えているのです。中国や北朝鮮は私たち自身を攻撃の対象にしていません。日米によって押し付けられた軍事基地に対して大きな脅威を感じているのです。緊張をあおり立てているのは日本政府なのです。

米軍と自衛隊はだんだん一体化してきている側面も考えないといけないと思います。これまで軍事基地がなかった島にまでそれができてきている問題性です。

（5）沖縄独立と東アジア共同体を考える

木村　この後は、沖縄の自己決定権、東アジア共同体構想についてお聞きしていきたいと思います。鳩山政権が普天間移設問題で模索しながらも挫折して退場する前後の時期に、沖縄の自己決定権と沖縄あるいは琉球の独立をめぐる議論も浮上してきます。そうした流れのなかで「県外移設」要求という「オール沖縄」の動きが出てきて、「イデオロギーよりもアイデンティティ」を掲げる翁長知事が誕生します。新崎盛暉先生が著書『新崎盛暉が説く構造的沖縄差別』（高文研）で書かれているように、「構造的沖縄差別」という言葉もそのころから沖縄で定着することになります。松島さんも著書『琉球独立への道――植民地主義に抗う琉球ナショナリズム』（法律文化社）のなかで、「琉球ナショナリズム」という言葉を使われています。そうした時期に、琉球民族独立総合研究学会が二〇一三年五月一五日に設立されるという経緯もあります。琉球独立について、あるいはこの研究学会についても、少し説明をしていただければと思います。

パラオの研究を通じて

松島　私は大学進学のために東京に出てきたときに、自分は日本人だと思っていたのです。しかし大学の同じ仲間に「いやいや、あなたは日本人ではありませんよ。どこかの外国から来た留学生でしょう」という扱いをされて、「自分は何者なのだろう?」とアイデンティティを求めるようになりました。

その後私は大学院おいて、太平洋の島々と琉球とを比較する形で研究をやり、一九九七年からグアムとパラオに合計三年間住みました。パラオは人口が二万人弱の小さな国で、一年間生活しました。パラオは戦前、日本の委任統治領であり、多くの琉球人が移民として渡っていました。いまでもパラオ人は日本人移民を「ジャパニーズ」、琉球人移民は「オキナワン」として区別しています。それは私にとって新鮮な驚きであり、喜びでもありました。琉球人というアイデンティティについて、私自身がそう思っていただけでなく、パラオ人も琉球人と日本人は違うのだとみていたのだと思って、パラオという国に関心をもったのです。

パラオは人口が二万人であっても一九九四年にアメリカから独立し、国連に加盟することができました。一九九九年から二〇〇〇年の間私はパラオにいましたが、独立後特に国として大きな政治経済的、社会的な問題が起こるわけでもなく、近代的な側面と伝統的な側面がうまい具合に調和した国づくりに成功しているといえます。近代国民国家に象徴されるような軍隊もパラオには存在しません。こういった新しい国もあるのかと思うくらいの国づくりをしていました。既存の近代国民国家の再生産ではなく、島嶼独自の国を住民の自主的な力でつくり、それを運営することが可能であるという具体例を見ながら生活し、学ぶことができたのです。

パラオのように、大きな流血の紛争などを経ないで独立するケースの方がむしろ世界においては多いのです。琉球が日本という大きな国のなかの一部であることによって受ける犠牲や被害を取り除くために、「自らの国」という枠組みを利用するのです。民衆を弾圧する暴力としての国家ではなく、民衆の平和と発展を実現するための国家を琉球はつくることができるのです。その意味で、パラオ共和国は、将来の琉球連邦共和国のモデルになり得るのではないでしょうか。

パラオを信託統治領として統治していたアメリカ政府は、現在のパラオ、ミクロネシア連邦、そしてマーシャル諸島という島々を合わせて「ミクロネシア連邦」という、規模の大きな国にしようと考えていました。しかし、パラオは「いやだ」といって、独立当時は一万五〇〇〇人の人口でしたが、それでも独立すると主張し、それを実行しました。マーシャル諸島も米政府が構想した「ミクロネシア連邦」には加わらず、独立しました。人口数に関係なく、その島に住んでいる人が助け合いながら、自己決定権を行使して、新たな国をつくったのです。その手段が住民投票です。国連監視下の住民投票という形であれば、平和的に独立することができる、世界にはそのような実例が多く存在することも学んだわけです。

木村　松島さんが沖縄は独立すべきだと考えられるようになったのはいつごろからですか。

自らの経験と機運の広がりを踏まえて

松島　私は研究者として琉球独立を研究して、実際に論文や本を書いたり、学会で報告し始めたのが二〇一〇年ころです。鳩山さんが総理大臣になられて、公約とされた「県外移設」を主張したことに対して、日本政府、特に外務省がそれをつぶしにかかりました。全国知事会に鳩山さんが出られ、普天間基地を引き受けてくれる自治体はないかと訴えられました。橋下大阪府知事（当時）だけは手を挙げましたが、その橋下さんも、その後仲井眞沖縄県知事（当時）が関西空港に視察に行くといったら謝絶しました。結局、全国の知事の誰も琉球の基地を引き受けようとしないことが明らかになりました。

私は、こういう国のなかで、沖縄県という政治的地位のままでいたのでは、いつまでたっても基地問題は解決できないと思ったのです。そのころ、琉球の一般市民が「沖縄差別」という言葉を口にするようになりました。一部の研究者や活動家でなくて、一般市民がいうようになったのです。なぜかというと、テレビや新聞が琉球の基地問題を他人事のように扱い、無関心であることが否定しようもなく明白になったからです。戦前は、人類館事件や、「琉球人お断り」の食堂やアパートもあったため、自分たちは差別されていると大勢の琉球人が自覚していました。戦後、「復帰」後になると、「沖縄差別」をうすうす感じていた人は多かったかと思いますが、こうしてあからさまに基地の押し付けを見せられると、琉球は差別されていると考える人が増えてきても不思議ではありません。

それと同時に、差別されている状態から脱却するには、自分たちの力によって琉球を変えなければいけないと決意する人も増えてきました。まさにそれが自己決定権だと思うのですが、被差別者、抵抗の主体として琉球の状況を変えていこうとする機運が出てきたのが二〇〇九年、二〇一〇年ころではないでしょうか。

私もそういった機運を自分なりに理解して引き受けて、琉球独立研究を本格的に始めたのです。二〇一〇年に私は「琉球自治連邦独立宣言」を、石垣金星《きんせい》さんという西表《いりおもて》島在住の方と連名で公表しました。石垣金星さんは西表の大自然のなかで生活している人であり、「大自然こそ大産業」とつねづね主張され、エコツーリズム、有機農業、有機染織、台湾原住民との交流活動等を実践しておられます。石垣さんは「西表島は明日からでも日本から独立できる。日本から補助金がなくても、西表島にある豊かな自然があるので独立して生活をすることができる」といいます。島の土地に根ざした独立論者、独立の実践家です。

これまでも独立の主張や議論はあったのですが、いまから三年前、二〇一三年に独立を具体的な選択肢として考えて研究していこうという人が出てきて、琉球民族独立総合研究学会が設立されました。現在、会員は三五〇名くらいになっています。私を含めて五人の仲間が共同代表になって、いろいろな方々に発起人になっていただきました。宮古島出身の平恒次《たいらこうじ》さんというイリノイ大学で労働経済学を教えていた先生にも発起人に名前を連ねていただきました。平さんは「復帰」前後から「琉球は独立すべきだ」という内容の学術的な論文を出していて、本も書いてきた方です。

この学会は、毎年大会や総会を開催するとともに、年に数回オープンシンポジウムを行っています。そのなかで何回か復帰運動をされていた世代の方々の声を聞く機会がありました。自分たちが復帰運動をした理由は、「日本に復帰すれば米軍基地は大幅に削減されるか、なくなるかと思っていたけれども、まったくそうならずに、かえって米軍基地は辺野古や高江のように増強される。基地機能が強化されている現実のなか、日本国憲法も日本政府は捨て去ろうとしている。自分たちが求めていたのは、平和憲法である日本国憲法を有する日本であったのに、それも捨て去ろうとする。日本に復帰すべきではなかった。日本国憲法を改悪するのならば、自分たちは自分たちの憲法をつくる。独立すべきだ」と復帰運動をされた世代の人も声を上げるようになったのです。

また、海外に留学して琉球に帰ってきた二〇代、三〇代の男性・女性が独立を主張するようになりました。これまで日本のなかでは独立の議論が活発に行われてきたとはいえませんが、世界のいろいろな国のなかでは、独立運動や独立の議論が普通に行われています。またハワイの先住民族であるカナカマオリは、自らの言葉を回復し、それを学校で教え、独立を求める運動を行ってきました。ハワイ大学のカナカマオリ研究講座で学んだ若い琉球人が「オキスタ一〇七」という組織をつくり、琉球諸語の復興運動、子どもたちへの民族言語の継承活動を実施しています。アメリカの大学院で深層心理学の観点から琉球独立を研究している二〇代の琉球人女性もいます。

海外から帰ってきた若い人々が、琉球独立の議論や運動に参加しているのが、これまでにない大きな変化です。私もグアムやパラオという海外での生活体験も踏まえながら琉球独立研究を進めています。以前は「居酒屋独立論」と呼ばれていた時代もあるのですが、それと違う状況になってきました。琉球独立論を客観的、国際的、学問的に研究し、議論し、紀要や雑誌、書籍として研究を蓄積して、それを琉球独立の実現につなげるという潮流が本格化し始めました。

木村　「自己決定権」についてもう少し説明していただけますか。

「自己決定権」とは何か

松島　「琉球新報」の新垣毅さんも『沖縄の自己決定権』（高文研、二〇一五年）という本に書かれているように、「自己決定権」という言葉が「沖縄タイムス」を含めて地元新聞に頻繁に出てきています。それも以前にはなかった現象です。

自己決定権の行使、回復というときの自己決定権は、内的自己決定権と外的自己決定権に分かれます。琉球の場合の内的自己決定権とは、日本国の一部としての沖縄県や琉球州であっても自治度を向上させ、基地を撤去できるという立場から出される権利です。これまで琉球ではこの内的自己決定権の行使を道州制の実現という形で求めてきました。琉球の政財界、有識者から構成される沖縄道州制懇話会が「沖縄の『特例型』道州制に関する提言」を沖縄県庁に提出しました。琉球の研究者や自治体関係者からなる沖縄自治研究会も沖縄単独自治州の提案を公表しました。

しかし現在に至るまで琉球が道州になる動きがいっこうにみられません。なぜならば道州制は日本全国で議論が熟し、日本政府や国会がそれをやろうと決めなければ進まない話だからです。琉球単独で道州制ができる話ではありません。またたとえ道州制ができたとしても、米軍基地がなくなる保障はありません。道州制ができても安全保障、金融、経済政策等は中央政府が掌握することが道州制の大前提なのです。これまで日本の経済団体が道州制に熱心であったのは、都道府県の合併を促し、財政的なコスト削減を進めることに大きな関心があったからです。琉球の自治度を向上させることに関心を持っているわけではありません。高江や辺野古における米軍の新基地建設を日本政府は上から強行しているわけですから、琉球においては自治権、内的自己決定権の行使が非常に困難、または不可能であるという厳しい現実に琉球人は直面するようになりました。

そうであれば次の手段はなにか。内的自己決定権の行使を諦めずに同時に進めつつ、外的自己決定権つまり独立を目指すのです。日本から別れる。別れて自分たちで自治をつくるという選択肢を本気で考えないと、奴隷のような境涯におかれ続けると思う人が増えてきているのが琉球の現状だと思います。それは琉球だけのことではなく、スコットランド、スペインのカタロニアなどのヨーロッパでも、太平洋のニューカレドニア、フランス領ポリネシア、グアム、ハワイなどでも平和的に独立運動が進められています。琉球独立学会では、独立が目的ではなく、具体的な平和や自治的な生活をつくるための手段であり、合理的な選択肢であるという真摯な議論が行われています。

国際舞台での具体的な活動

木村　国連での活動についても、少数民族ではなく先住民族としての訴えなのですか。そこをもう少し説明してもらえませんか。

松島　私は一九九六年に先住民族として、国連人権委員会先住民作業部会にアイヌ民族といっしょに参加しました。アイヌ民族は少数民族ではなく、先住民族として参加しています。先住民族というのは、二〇〇七年に採択された「先住民族の権利に関する国連宣言」という国際法でも明らかになったように、土地に対する権利を初めとするさまざまな権利が認められています。先住民族としての権利を回復することを目的に、琉球人も一九九六年以降現在まで国連において国際法にもとづく報告を行ってきました。

その結果、国連は琉球人が先住民族であり、基地の押しつけは差別であることを認め、問題の解決のために日本政府が努力することを勧告しています。すでに紹介しましたが、二〇一五年には翁長知事も国連まで行かれましたし、糸数慶子参議院議員も行き、琉球人の自己決定権を訴えました。一般市民とともに琉球を代表する知事や政治家も国連に行くようになっており、国連や国際法を利用・活用して琉球の基地問題を解決しようとする運動が大きくなっています。日本政府に陳情しお願いしても、日本政府は琉球の民意を無視ばかりしています。その非民主主義的姿勢はかえって悪化するばかりなので、琉球を支援してくれるネットワークを世界に広げようという、国連での活動に重点をおいた運動も繰り広げられるようになったのです。

木村　国際社会との関連でいえば、第六回「世界のウチナーンチュ大会」（二〇一六年一〇月二六〜三〇日）が開催されましたね。

世界のウチナーンチュ

松島　「世界のウチナーンチュ大会」は、戦前、日本政府の琉球に対する経済政策が破綻したために世界に移住した琉球人やその子孫が五年に一度琉球に集い、文化交流する「民族団結」のイベントです。

琉球では「ソテツ地獄」と呼ばれた時代がありました。一九二〇年代になると世界的な砂糖価格の下落が人々を困窮のどん底に落としました。住民の食料源としては有毒のソテツしかなく、それを琉球人が食して死亡したという、社会的疲弊状況を「ソテツ地獄」といいます。多くの琉球人が窮乏し、海外に移住することで生活の糧を得ようとしました。本来なら琉球で家族とともに生活したいのですが、泣く泣く島から出ていかざるを得ない状態になった原因は、日本の琉球における植民地支配政策の失敗がありました。その当時の経済状況については私が書いた『琉球独立への経済学』（法律文化社、二〇一六年）をお読みください。

外に出て行った琉球人たちは百何十年経っても自分は琉球人であるというアイデンティティを忘れないのです。三世、四世、五世という琉球で生まれ育っていない若者も、移住先につくられた沖縄県人会館などで言葉や歴史を学び、踊りや歌・三線を体得し、自分たちのルーツを確かめています。またWUB（世界ウチナーンチュ・ビジネス・アソシエーション）という団体も設立され、世界のウチナーンチュが経済的にも協力関係を構築しています。

木村　世界にウチナーンチュ（沖縄・琉球出身者）の方は四六万人くらいおられるのですね。

松島　今回の大会に集まった世界の若いウチナーンチュのなかには、辺野古や高江の現場に行った人々もいました。五年に一回琉球に集まって交流するだけでなく、自分たちのルーツである琉球が抱えている一番の問題を何とか理解し、解決したいという機運が、世界のウチナーンチュに広がっていることが、今回の大会の大きな特徴でした。

木村　沖縄・琉球の独立問題に関しては、世界のウチナーンチュがすべて同じ意見というわけでは必ずしもないわけですよね。

松島　いろいろな意見はあると思います。独立を主張する理由には、政治経済的なものだけではなく、精神的独立性の確立を求めるものもあります。例えば言語復興です。琉球諸語（シマクトゥバ）を話す人をどんどん増やしていくという政策が、「しまくぅとば連絡協議会」によって推進され、琉球の各地で琉球諸語の復興が活発に行われて、新聞、ラジオ、テレビ等のメディアでも琉球諸語を読んだり、聞いたり、話したりする機会が増えています。世界のウチナーンチュは、世代間の「公用語」として琉球諸語を使い、それを琉球との精神的な繋がりにしているように思います。

ハワイでは、ハワイの先住民族、カナカマオリの言葉をどんどん広げていく運動や教育が行われています。今回のウチナーンチュ大会でも、ハワイに住むウチナーンチュが琉球に来て、ハワイにおける言語復興運動について琉球の研究者や市民に紹介してくれました。どうやって言語復興を進めていくのかについて議論が深まり、世界のウチナーンチュと琉球のウチナーンチュとの協力関係もさらに強くなったような気がします。現在、独立運動が盛んに行われているグアム、ニューカレドニア、仏領ポリネシア等でも言語復興運動が独立運動と結びつく形で展開されています。琉球においても言語復興運動を通じて独立運動がさらに拡大するのではないかと思います。

木村　大田さんも二〇一三年に設立された琉球民族独立総合研究学会の顧問に就任されておられますが、沖縄・琉球の独立をめぐるいまの流れをどのようにみておられますか。

独立論に賛成する若者が増えている

大田　さきほど平恒次さんの名前が出ましたが、彼が『日本国改造試論』（講談社、一九七四年）

という本を書いて、そのなかで北海道と沖縄を独立させるべきだと主張しました。いま外国に沖縄系の人が四六万人くらいいるのですが、独立するという場合に、この人たちもいっしょになって、琉球国をあらためてつくりたいという発想なのです。

独立論は早い時期から主張されてきました。湧上聾人《わくがみろうじん》といって、大正時代に国会議員になって『沖縄救済論集』（一九二九年）という本を書いた人がいるのですが、その息子で首里の教会にいる人が、戦争後まっさきにマッカーサー司令部に琉球を独立させてくれという英文の嘆願書を出したのです。比嘉康文《ひがこうぶん》という「沖縄タイムス」の記者をしていた人が、『「沖縄独立」の系譜』（琉球新報社、二〇〇四年）という本を書いています。そのなかで、これまでどういう人が独立論を唱えてきたかを書いています。

野《の》底《か》武彦《たけひこ》という八重山の公認会計士が、琉球独立党（現在は、かりゆしクラブ）をつくりました。いまは屋良《やら》朝助《ちょうすけ》という若い人が党首になって、さかんに那覇のおもろまちなどで「琉球独立」という旗を立て行動しています。外国の記者がこれに非常に興味をもって、「ニューヨーク・タイムス」の記者が来たり、『ＴＩＭＥ』という雑誌の女性記者が来たりしています。「朝日新聞」のニューヨーク総局長が来て、「本当に独立するのですか」と聞くものだから、私は「朝日新聞」の総局長に、「わざわざニューヨークから沖縄まで来る必要はないではないか。朝日新聞はここに特派員がいるわけだから」といったら、「自分の耳で直接聞きたかった」ということでした。オランダやニュージーランド、北京の記者なども訪ねてきて、「本当に独立するのですか」

と大変関心をもっているのです。

最近、アメリカで勉強して帰国した若い女性たちがシンポジウムを開いて独立論を唱えています。日本政府を相手にしていただけでは基地問題は解決できない。だから独立して国連で訴えた方がずっと問題解決は早いだろうという発想です。

三、四年前は琉球大学の学生たちは三％しか独立論に賛成しなかったのに、近ごろは賛成は三〇％くらいになっているそうです。おそらくこれが広がっていくと、日本政府は破防法（破壊活動防止法）で完全に取り締まると見ています。これがいまの日本です。

木村　いまのお二人のお話をお聞きになって、鳩山さんはどのようにお考えですか。

ヤマトンチュとして心的な応援

鳩山　私もこの間、何度か沖縄を訪れて、独立論に対してのムードが急速に変わってきていると感じています。「居酒屋独立論」レベルの、酒を飲んだときの話だけではなく、研究者のなかでまじめに議論をされて、それを多くの県民のみなさんが真剣に聞いておられる姿に変わってきていると思います。それを日本本土の人たちは理解しないといけないのです。

ところが大田さんからお話があったように、海外のメディアは関心をもってこの独立論を現実の問題としてとらえているのだけれど、日本の大手のメディアは極力書かないようにしていると思います。沖縄の二紙は真剣に書いておられるけれども、逆に大手のメディアはこういう問題が起きていることを、できるだけ本土の人たちには見せないようにしたいようです。それには政府の意向も入っている可能性はありますが、大手のメディアのほぼ全紙は、関心がないふりをしています。逆にいえば恐れているのかも知れませんが。

私は残念ながらウチナーンチュではありません。こうした独立という最大の自己決定の権利を主張されている人たちのなかに私が入ったら「自己」でなくなってしまいます。沖縄のみなさん方の意思として、独立という方向にまで行かざるを得ないのならば、「外的自己決定権」を示されるべきだと思いますし、そのときには心的な応援はさせていただきたいと思います。ヤマトンチュですから、「やれやれ」と無責任に刺激すべきではないので、極力冷静になっていたいと思います。日本の面積の〇・六％しかない沖縄の土地に米軍基地の約七割が集中している現実が差別の際だった問題です。こうした差別のなかに琉球が置かれている状況を何とか大きく転換させる手だてとして、独立が最後の手段であれば、それを行使することは十分あり得る話だと思います。

そのなかで、パラオがアメリカからの独立をいかにして果たしてきたかをもっと学びたいと思います。日本から沖縄が、琉球が独立する話になれば、日本は相当のプレッシャーをかけてくるに違いありませんし、逆にいえば変な懐柔をしてくる可能性もあります。昨年一二月、北部の訓練場の一部が返ってきました。そうすると、米軍基地の割合は七三・八％から六八％か六九％かになるそうです。そうすると、「沖縄の基地のパーセンテージが下がったじゃないか。

そこまで沖縄のことを面倒みているのに、なぜ独立を目指すのだ」という論調を張られる可能性があります。こうした圧力をどうはねかえすのか。人口数万のパラオが果たせたことを沖縄が実現できるか、沖縄のみなさま方に現実の問題としてとらえていただけるようにしていくことが大事ではないかと感じました。

外から煽ることも肩入れすることも控えて

木村　鳩山さんがいわれた日本本土の大手メディアが沖縄・琉球の独立論の動きを真正面から扱っていないという現状は確かにありますし、そのことを表に出すことを恐れているのではないかという見方も当たっていると思います。ただ、数少ない例外として、鳩山さんと白井さんと私の共著『誰がこの国を動かしているのか』（詩想社新書、二〇一六年）が出版されたときに、「日刊ゲンダイ」（二〇一六年七月一一日付）で取り上げていただきました。この「日刊ゲンダイ」は、安倍首相から自分を真っ向から批判しているという、いい意味での例外的なメディアとして名指しされたことからもわかるように、いまの言論統制状況のなかで勇気ある報道を行っている数少ないメディアです。

私も基本的なスタンスは鳩山さんと同じで、沖縄・琉球の人々の自己決定権を最大限尊重しなくてはならないと思っています。それは、沖縄・琉球の自立はもちろんのこと、最終的な独立という選択肢も含めて尊重するということですし、またそれをいまの段階でウチナーンチュでない私たちが煽ったり、肩入れしたりすることは控えるべきだという立場です。

私はもともとユーゴスラビアの研究者で、連邦制と民族問題をテーマの一つとしていました。あの国は内戦で崩壊して七つの国に分裂しましたが、そのうちのスロベニア、クロアチアの二カ国はすでにＥＵに加盟しており、残された国もＥＵに入ることを目指しています。

この間立ち上げることになった「東アジア共同体・沖縄（琉球）研究会」の第一回公開シンポジウムの会場で参加者の方から、「沖縄の自立と日本の独立、あるいは沖縄の独立と東アジア共同体の構築の関係はどうなるのかよくわからない」と聞かれたのですが、「基本的に方向性は同じです」と答えました。時系列でいえば多少の前後はあるとしても、私は沖縄の自立が最優先で、日本の真の独立もそれと併行的に行われなくてはならないと考えています。また、日本の真の独立が実現できて、沖縄から最優先に米軍基地を撤去していくような場合、沖縄には独立以外の他の選択肢の可能性が生まれてくるのではないかと思います。

最終的に東アジア共同体の完成形ができるのは五〇年後、一〇〇年後かのかなり先のことかも知れません。しかし、鳩山さんも強調されているように、東アジア共同体構想を実現する上でもっとも重要なのは安全保障の問題であり、この東アジア地域に平和的な環境を構築するというのは喫緊の課題だと思います。特に、第二次安倍政権の登場でこうした方向とは逆行する危険な動きが生まれているだけに、平和的な環境を東アジア地域につくり出すことがますます重要になっているといえます。その意味で鳩山政権時代の平和外交は大きな前向きの教訓も残してくれたと思っています。

それでは次に、松島さんからパラオなどの問題に少し触れていただいて、それから東アジア共同体のお話を鳩山さんからお聞きしたいと思います。

パラオ独立の経緯と実態

松島　パラオは、独立前、アメリカの戦略的信託統治領でした。国連信託統治理事会は、パラオの将来の政治的地位に関して住民が合意して決めるための住民投票をしなければならないと定めていました。そういうことでパラオの人々は住民投票で独立を選択したのです。パラオのように国連、国際法にもとづけば、平和的に独立できるのです。

パラオは非核憲法をつくりました。核兵器にかかわるものは持ち込ませない、つくらせない、つくらないという条項を含む憲法です。それに対してアメリカが反発しました。非核条項をアメリカに対して「非適用にしなさい」と圧力をかけたのです。自らの軍事戦略をパラオに押し付けようとしました。その過程でパラオ社会は分断され、大統領が暗殺されたこともありました。本来ならば一九八六年に独立するはずだったのですが、アメリカの介入によって八回住民投票をやらざるを得ませんでした。最終的には非核条項は憲法のなかに残りますが、アメリカに関しては適用しないという譲歩を迫られる形での独立でした。

独立後は「自由連合国」という国になりました。「自由連合国」とは、内政権、外交権は保持しますが、軍事権は他国が有するという国の形です。それでも国連に加盟はできます。自由連合国としては、パラオの他に、ミクロネシア連邦、マーシャル諸島があり、ニュージーランドと緊密な関係にあるクック諸島も自由連合国です。

アメリカがパラオの軍事権をいまでも有していることになっていますが、軍事基地の実態をみると琉球の場合と大きな違いがあります。パラオにも米軍基地と呼ばれるものはありますが、琉球の広大な米軍基地とはまったく違って、大量の武器・弾薬、戦闘機、戦車等はまったくなく、私が行ったときにはテニスコートがあって、ゲートもオープンで自由に入れる状態でした。これはパラオの国家元首である大統領がアメリカ政府に働きかけて、緊迫した有事にならない限りはパラオに米軍基地を建設せず、軍事訓練も行わないと約束させたからです。そういった自国の安全保障に関する交渉が「自由連合国」であっても、独立することで可能になるのです。ですからパラオはそういう点でも参考になります。

琉球もサンフランシスコ講和条約第三条で、信託統治領になる予定だったのです。それがうやむやにされて、米軍による軍事独裁支配体制下におかれてしまいました。本来は三条を適用して、いったん琉球を信託統治領にして、国連の信託統治理事会の管轄下において、新たな政治的地位を決めるための住民投票をすることも可能であったのではないかと考えます。一九七二年の「復帰」は、米軍統治体制から日本のなかの一県という政治的地位の変更であったわけですから、国際法上、国連の監視下で住民投票を行わなければならなかったのです。しかしそれも行われないまま、日米両国によって「復帰」体制に移行させられました。これは大きな国際法違反です。復帰するのか、独立するのか、自治州になるのか等の選択肢のなかから琉球人が選ぶべきなのです。国連憲章、国際人権規約で保障された人民（民族）の自己決定権を行使するということは、新たな政治的地位を決定する、国連監視下の住民投票を実施することを意味します。それを琉球人は国連に求める権利があります。

木村　その他の地域の経験も教えてください。

グアムとスコットランドの経験

松島　グアムは、人口は一六万人くらいでとても少ないのですが、最近、独立運動が活発になっています。グアムは国連の脱植民地化特別委員会の非自治地域に登録されています。つまり、国連によって植民地だと認定されていて、国連の支援を得て、自己決定権行使のための運動・活動が認められています。

グアムの場合、完全独立なのか、パラオのような自由連合国なのか、ハワイのような州なのかという三つの選択肢があり、それごとに委員会があり、島民に向けて啓蒙活動をしています。本来ならば二〇一六年一一月に住民投票をする予定だったのですが、二〇一七年か一八年に行う予定で準備が進められています。二〇一六年一一月末にはグアム政府の脱植民地化委員会のエドワード・アルバレス事務局長と、グアム大学で独立を研究し、独立委員会の共同代表をしているマイケル・ベバクア氏が龍谷大学に来て講演を行いました。グアム政府のなかに脱植民地化委員会がおかれ、独立に向けた議論や運動が行われているのです。

スコットランドでは、二〇一四年にイギリスからの独立を問う住民投票が行われました。私も現地に行き聞き取り調査をしました。一〇日間くらいロンドンとスコットランドに行ったのですが、スコットランドがなぜ独立するのかというと、第一の理由は基地問題です。イギリス海軍の核兵器を搭載した原子力潜水艦の基地がグラスゴーに置かれていますが、スコットランド政府はその撤去を強く要求しています。私は現地で住み込みながら原潜基地反対運動をされている方にインタビューしましたが、その方も独立を支持していました。また原子力潜水艦基地周辺を歩きましたが、多くの監視カメラが設置され、警察が何度も基地周辺を巡回し、私も職務質問されました。

第二の理由は自治権のさらなる拡大です。一九九九年にスコットランドは独自の政府や議会が設置され、かなり分権が進みました。しかしスコットランドの人々は、イギリス政府からの行政的な介入を嫌い、さらに大きな権限を持つことができる独立を目指すようになりました。より高度の自治権を求める背景には、一七〇七年までスコットランドが琉球と同じように独立国であったという歴史的事実があります。独自な言語、歴史、文化の教育が学校等において行われています。ウィリアム・ウォレスというスコットランド独立戦争の英雄はいまでも人々のあいだで語り継がれています。

第三は経済的な理由です。スコットランドの北方に北海油田がありますが、そこからの利益の多くをイギリス政府や多国籍企業が得ている問題があります。独立すれば、北海油田からの利益を自らのものにすることが可能になります。またスコットランドはEUと経済的に緊密な関係にありますから、独立後もイングランド政府からの補助金に依存しなくても経済的には大丈夫という自信がスコットランドの住民に共有され、独立運動が盛んになったのです。

しかし住民投票の前に、イギリスの女王、BBC等の大メディア、経済界等からのさまざまな妨害や介入があり、独立支持派は僅差で破れました。二〇一六年にイギリスのEUからの離脱をめぐって住民投票が行われたとき、スコットランドは離脱反対の票が大きく上回りました。スコットランド政府のニコラ・スタージョン第一首相は独立を問うための住民投票をもう一度行いたいと公式に発表しました。

スペインのカタルーニャ自治州でも二〇一七年に独立を問う住民投票をする予定です。独立という選択肢が二一世紀の現在においても現代的な大きなテーマになっているといえます。

クリミア問題をどう見るか

木村　スコットランドの独立については、松島さん以外にも、島袋純先生（琉球大学）や新垣毅さん（琉球新報社）なども現地に行かれました。また沖縄の自己権については、国際法の観点から阿部浩己《こうき》先生（神奈川大学）や上村《うえむら》英明先生（恵泉女学園大学）なども研究されていますし、これから非常に大きなテーマになっていくと思います。

鳩山　多少趣の異なる話になるかも知れませんけれども、住民投票で地域の方向性を決めたという意味では、クリミアもそうです。結局、ロシアに入ることに決めたわけですけれど、彼ら自身の住民投票の結果、いま非常にいい方向にいっています。もともとロシアの一部だったところを、一九五四年にフルシチョフが強引にウクライナに差し上げてしまったのを、もう一度住民投票によって戻したというだけなのですが、ウクライナからみるとけしからんという話になって、欧米からもけしからんと経済制裁が行われていますが、住民の意思で彼らの運命を決めていくのは、私は方向性としては間違っていないと思っています。

木村　これは本当に重要な問題で、ウクライナの選挙で選ばれた合法的な親ロ派のビクトル・ヤヌコビッチ政権をクーデターで崩壊させたネオ・ナチ中心の親欧米派であるペトロ・オレクシーヨヴィチ・ポロシェンコ政権が最初にやったことは、ロシア語の公用語の禁止でした。ウクライナではウクライナ語とロシア語が公用語だったのをいきなり禁止にしたということもあって、もともとロシア住民が圧倒的多数であって、一九五四年までロシアであったクリミア地域の住民が独立に立ち上がったのは、ある意味自然でした。ロシアの力による介入でクリミアを暴力的に併合したという見方は、私は当たっていないと思います。

世界二三カ国から一二六人の選挙監視団が現地に入って独立と編入の是非を問う選挙が行われました。その国際選挙監視団の下での選挙で九割以上の支持を得て、クリミア地域の住民が自らの意思でウクライナからの独立とロシアへの編入を選択したというのが事実です。それは彼らの自己決定権の行使であって、当事者でもない他国がそれに対して異議を挟むなどということは本来できないはずです。一年後に鳩山さんが行かれて、あらためて現地の実情を見られて感触を得られたのは、何度独立の問題を問うても九割以上の住民の賛成を得るだろうということでした。

鳩山　彼らはもう一回やってもいいといっています。

木村　私はもう一度やった方がいいと思います。独立する選択・決定というのはふつう過半数で決められるものですが、クリミアでは九割以上の住民が賛成しているのです。

東アジア共同体構想と沖縄

木村　それでは最後に、東アジア共同体の問題に移らせていただきたいと思います。鳩山政権のときに東アジア共同体構想を提起されていて、鳩山首相は国連総会や日中韓の三カ国首脳会談でもそういう話をされました。首相を辞められた後、鳩山さんが東アジア共同体研究所を設立して理事長として活動され、その傘下に琉球・沖縄センターを沖縄につくられました。それ以来、鳩山さんはずっと沖縄に通い詰めるとともに、中国、韓国、台湾、ベトナムなどの東アジア諸国を頻繁に訪れて、東アジア地域における平和と共生のために積極的に活動されていきます。そこで、お聞きしたいのですが、東アジア共同体構想をどういう思いで提起されて今日まで活動されているのでしょうか。

鳩山　世の中が、人、もの、カネ、情報が瞬時に動くようなグローバリズムがもてはやされた時期がありました。そのメリットは当然あったわけですが、逆にグローバル化されることによって格差が激しくなり、貧しい人々は不満を募らせ、反政府的になり、一部はテロに走り、反グローバリズムの火が燃え上がり、結局は「戦うしかない」と、局地的ではあっても戦争が起きてしまう事態が生じています。

グローバリズムに対するアンチテーゼとしてはナショナリズムがあり、イギリスのＥＵ離脱やスコットランドの独立運動、またロシアも含めて、ある意味でのナショナリズムが人気を博してきています。アメリカの大統領選挙にもその影響がみられます。でもその関連でどうとらえるかですが、沖縄でも琉球ナショナリズムというもの、琉球も独立するべきだという考え方も含めて、差別から解放されるためのナショナリズムが高揚してきています。この琉球ナショナリズムは、多少私は一般のナショナリズムとは意識が違うことだと思っておりまして、いわゆる偏狭なナショナリズムに対して沖縄のみなさんの琉球ナショナリズムは、「開かれたナショナリズム」であって、それこそ「差別から解放された後は、中国とも日本とも協力的に対話で仲よくやっていこう。しかし軍事はもういらない」という方向のナショナリズムだと思いますから、軍事で自分たちを縛りつけるナショナリズムとは、本質的に違うと私は思います。

ただ、そういうグローバリズムと一般のナショナリズムはある意味で両方とも、長所もあるけれども大変危ない欠点もありますから、それらの架け橋として考えられているのがリージョナリズムです。まさに地域主義が必要な時期になっているのではないかと私は思います。アメリカや中国が覇権を求めていくような世の中ではなく、多国間が仲よく活動して、協力していける時代をどうつくるか。少なくとも日本がいる東アジアだけはより協力的にしていかなければならない。ところが日本はいつもアメリカの方ばかり向いています。とくに外交政策、しばしば内政にもかかわってアメリカが関与してきますが、そういうアメリカの方向ばかりを向いている政治は間違っているのではないか。よりアジアに重心をおく政治を行うことによって、バランスのとれた日本外交にしていかなければならない。そこで私は東アジアが運命共同体になることが大変重要だと思い、総理大臣のときに東アジア共同体構想を打ち出しました。これは、もともと新しい発想ではなく、相当前からこういった議論は学術的にはなされていました。

木村　その東アジア共同体構想は、クーデンホーフ＝カレルギーさんと鳩山さんの祖父である鳩山一郎元総理が提唱されたものでもあります。

友愛思想がヨーロッパでEUを生んだように

鳩山　政治的には小泉総理などが最初に主張しましたが、それをもう一度私は自分なりのアイディアとして世に問うたのです。

クーデンホーフ＝カレルギーさんは、お母さんが日本人でお父さんがオーストリア＝ハンガリー帝国の方で、日本で生まれました。彼は成長してヨーロッパに戻ったのですが、ヨーロッパはスターリニズムとヒトラーのナチズムが席巻している状況で、これではヨーロッパが危ないと考えました。そして、ヨーロッパがパン・ヨーロッパ主義で協力する一つの共同体を形成していくべきだという主張を「友愛」という理念の下でつくり上げました。自由がいきすぎても弱肉強食となっていけないし、平等がいきすぎても活力のない社会になっていけない。自由と平等両方を生かすための架け橋の理念として、「友愛」という主張をしたのです。

鳩山一郎が追放されていたときに「これだ」と目ざめて、クーデンホーフ＝カレルギーが著した『全体主義国家対人間』という本を『自由と人生』という本に翻訳しました。私は祖父のやったことをすべて是とするつもりはないのですが、祖父の「友愛」という考え方こそ、いま普遍的に世界において日本が主張するべきメッセージではないかと思います。もともと「和を以て貴しとなす」という、もとは論語なのでしょうが、中国伝統の文化と同様な文化を日本も大事にしてきました。「和を以て貴しとなす」というような発想で世界を統《す》べるような、協調できる態勢をつくっていくことが、日本のメッセージとして大事ではないかと考え、友愛思想がヨーロッパでEUを生んだように、東アジア共同体構想を主張したのですが、そのことがアメリカには「鳩山は中国寄りでアメリカ嫌いではないか」と曲解されました。

私はアメリカで学んできた人間で、アメリカは好きなのです。ただ、考え方として何でもアメリカに依存しなければならないのは間違っていると申し上げているだけなのですが、アメリカ外しではないかと誤解され、アメリカから批判された時期もありました。でも、私は東アジアを核としながら、アメリカやロシアやモンゴルなどを除外するなどという必要はないのであって、一番大事なことは経済的な統合以上に、社会的な運命共同体である点なのです。つまり、EUは困難を抱えていますが、少なくとも戦争はヨーロッパ人同士では行わないというところまできたことは、大変誇るべきことだと思います。まさに運命共同体をつくるときに、どの国は入って、どの国は入れないと差別をする必要はまったくなく、みんなが「じゃあ、自分たちもなかに入って活動しよう」となれば、「いっしょにやろうよ」というメッセージでいいと思っています。フレキシブルでオープンな共同体をイメージすることが大事ではないかと思います。

そのなかで琉球の役割が鍵を握っていて、もともと距離的、地政学的にも東京よりも北京の方が近いとか、当然韓半島も近いという地の利を使いながら、さらに琉球がかつて繁栄し、平和の旗を立てて発展してきたことを考えれば、結論とすれば、東アジア共同体の核は日本ではなく、琉球・沖縄であるべきだと思っています。そこで私は沖縄に東アジア共同体会議を常設することを提案しているのです。

東南アジアとの交流を阻害する日本政府

木村　昨年（二〇一六年）の九月一一日に立ち上げることになった東アジア共同体・沖縄（琉球）研究会の名誉顧問には、鳩山さんといっしょに大田さんにもなっていただいています。琉球大学の高良鉄美《たからてつみ》先生と私が共同代表で、共同副代表には松島さんと東京造形大学の前田朗先生がなっています。大田さんはこちらの研究会の名誉顧問だけでなく、さきほどの琉球民族独立総合研究学会の顧問もされているということで、東アジア共同体と沖縄のことについて、過去から現在、未来も含めて、お話をおうかがいいたします。

大田　沖縄は、以前はずっと日本政府にいろいろなものを頼っていたのですが、日本離れが進んで、われわれは国際都市形成構想をつくり、日本政府にだけ頼るのではなく、東南アジア諸国と緊密な関係をもって、琉球王国時代の貿易関係を復活させようとしました。ところが、政府のいろいろな形の締めつけが強いのです。

例えば私が台湾を訪問したときには李登輝総統のゴルフ場でゴルフをしました。それで李登輝さんが沖縄に来られたとき、われわれがゴルフをしようとしたのですが、外務省から干渉が入って、沖縄の知事、副知事、出納帳の三役が台湾の高級の人とつき合うのはやめろというのです。

沖縄ではウリミバエというウリ類の害虫が蔓延したことがあり、それを二〇億円の予算を使って二〇年かけてやっと撲滅しました。そうしたらマリアナ諸島の知事がやってきて、マリアナ諸島でもウリミバエに非常に困っているから、その技術を教えてほしいというので、教えようとしました。そうしたら外務省からすぐに文句がきて、「マリアナ諸島はアメリカの統治下にあるから内政干渉につながる」といいます。私がそれをマリアナ諸島の知事に伝えたら、知事はアメリカに渡り、アメリカ国務省から「異議なし」と許可をもらってきました。また日本政府は「いま沖縄からやっと本土に野菜を出荷できるようになっているのに、その技術を教えたら競争相手が増えて沖縄のためにならないからやめろ」といってきました。こういうふうにいろいろな問題でいちゃもんがつくのです。

ですから、中国、韓国はもとより東南アジアや太平洋の島々との間で、沖縄がもっと自由に交流していくことが必要だと思います。

他国の研究者にも広がる琉球独立論

松島　東アジア共同体についてですが、私は琉球独立に関して、東アジアの研究者とここ数年議論をしています。北京大学、福建師範大学、台湾大学、台湾の中央研究院等々、大陸中国や台湾にある大学や研究機関の研究者と、琉球独立について意見を交換したとき、中国人研究者の大部分は「琉球はかつて主権国家であった。琉球が独立した場合、併合する理由はない」と述べたのです。琉球は中国の「属国」ではなく、「藩属国」であったという考えであり、それは主権を有した国という意味です。李氏朝鮮、現在のベトナムやタイなど、中国に朝貢・冊封していた国々と同格なのが琉球国であったのです。ですからもし琉球が独立した場合、その主権は認めて介入は絶対にしないというのが中国の研究者の立場であると考えます。

台湾の大学の研究者と話をしたときには、東アジアにおける琉球の政治的地位について議論になりました。一九七二年に琉球が沖縄県になったときに、台湾の中華民国政府は強く反対しましたが、その姿勢はいまでも変わりません。中華民国政府のみならず、台湾の研究者もそれに反対しています。戦後、東アジアにおいてアメリカが大きな力を有するなか、日米同盟体制を利用して、琉球の日本への「復帰」が決まったという歴史的側面は否定できません。現在、東アジアにおいて中国、台湾、韓国等の政治経済的影響力が増し、アメリカや日本のそれが相対的に低下しています。

そのような東アジアの政治環境を背景にして、同地域の研究者も琉球の政治的地位、独立に関心を持つようになってきたといえます。カイロ宣言やポツダム宣言等の国際法を根拠にして、琉球の日本帰属が問題であるとする指摘も東アジアの研究者から出されています。琉球人は自己決定権を有するのだから、住民投票を通じて自らの力で独立をすることができると、台湾の研究者は論じていました。台湾では二〇一五年に中華琉球研究学会が研究者によって設立され、台湾と琉球における日本による植民地主義問題、琉球独立等について研究活動を行っています。これまで二回、同学会と琉球民族独立総合研究学会とが台湾と琉球において共同シンポジウムを開催し、東アジアのなかで琉球独立を論じ、また両地をフィールドワークしながら植民地主義の歴史や基地問題について考えてきました。

二〇一四年には韓国の研究者や市民運動家が琉球を訪問し、沖縄大学で韓国と琉球の平和、独立に関してシンポジウムを開催するとともに、辺野古新基地建設の現場、平和の礎等を訪問しました。同年、私は韓国の韓神《ハンシン》大学校で開催された国際シンポジウムに参加し、ナヌムの家（慰安婦にさせられた女性たちの生活施設）、李氏朝鮮国王イ・サンの居城跡の水原華城《スウォンファソン》等を訪問するとともに、米軍戦闘機の爆音を直接耳にしました。琉球国と李氏朝鮮国との歴史的共通性を確認するとともに、韓国が独立し、琉球がいまだに日本の植民地のままであることにも気づかされました。両地域が共通に抱えている米軍基地問題の解決だけでなく、琉球の独立に対しても理解と相互支援のネットワークができたのではないかと考えます。

東アジアの研究者同士で琉球の平和、基地問題、独立が議論できる時代になりました。そういった人と人とのつながりの延長線上に、将来の東アジアの平和、共同体の実現もあるのではないでしょうか。

鳩山さんがさきほど、「東アジア共同体の核は日本ではなく、琉球・沖縄であるべきだ」とおっしゃり、そこで東アジア共同体会議を常設することを提案されました。そのためにも琉球にある米軍基地や自衛隊基地はなくさないといけません。非武装中立で琉球は独立して、東アジアの平和をつくる拠点になる必要があります。ＥＵでもベネルクス三国という小さな国がＥＵの実現のために大きな原動力になりました。東アジアの共同体、平和をつくるためにも琉球独立が求められるのです。

アメリカとの関係を注意深く見ながら

木村　私は、いまの高江・辺野古を含む沖縄あるいは日本全体の状況を見て、戦後日本はこれまで一度たりとして真の独立国家、民主国家となったことはなかったのではないかと思うとともに、そのなかでいま新たな、より深刻なファシズムと戦争の危機という大きな岐路に直面しているのだという実感を強くしています。

大田　一つだけ、東アジア共同体のことを考える場合に、現実はどうなっているか、アメリカの政策はどうなっているかを抜きにして考えるのはどうかと思います。一九九五年にジョセフ・ナイというハーバード大学の経済学の教授から国防次官補になった人が、「東アジア戦略報告」（通称：ナイ・リポート）を連邦議会に提出していて、これからアメリカの軍隊を一〇万人、五〇年以上ずっと東アジアに維持していくことを提言したのです。だから私は代理署名を拒否したのです。こんなことをしていたら、沖縄はいつまでも基地にされてしまいます。今後アメリカの政策が、トランプ大統領が誕生してどう変わっていくかは注意深くみたいと思うのです。

木村　そういう意味でもトランプ大統領の出現は、不確定要素はありますが、東アジア地域や日本と沖縄の現状を変える大きなきっかけになる可能性もあるので、これから注目していかないといけないですね。

第二部　論考集

抵抗か、独立か、共生か

21世紀、アジアの時代を平和の時代へ

鳩山 友紀夫

(1) トランプ政権の成立と日米の今後

グローバリゼーションによる富の偏重

二〇一六年は歴史のターニングポイントと記憶される年になるでしょう。世界がグローバリズムから反グローバリズムに大きく舵を切った年としてです。それは決してグローバル化の流れが止まったことを意味するのではありません。インターネットを通じた物流などは、これからさらにボーダーレスになっていくに違いありません。人、モノ、カネ、情報がボーダーレスに行き交うことによって、私たちの生活が便利になってきたことは間違いありません。ただグローバル化が進むことによって、富が偏重してしまい、どの国でも大変な大金持ちがいる一方で、日々の生活にも困る多くの人々が生まれてしまったのです。多くの国において、差別され

た人たち、真面目に働いても十分な暮らしができない人々の間に、現状の政治に対する不満が鬱積してきました。

そして、フランスやベルギーなどの国で、貧困に悩み差別に苦しみ政治に不満を持った青年たちが、ＩＳに共鳴して加わっていったと聞いています。また、英国では、ＥＵに加盟した主として東欧の労働者が大量に英国への移民を希望して、英国人の労働環境が悪化したとしてＥＵがターゲットとなり、国民投票が行われ、その結果、ＥＵからの離脱が決まりました。

さらに米国では、大統領選挙が行われましたが、民主党では社会主義者と自ら名乗るサンダース候補が、ヒラリー・クリントン候補に肉薄する善戦をいたしました。彼の善戦の理由は、金融資本主義のなかで追いやられた貧困層や、現実の政治に不満を持った裕福でない人々が熱烈に支持したからです。さらに大方の予想を覆して、トランプ候補がヒラリー候補を破り、次期大統領に決まりましたが、トランプ候補はアメリカファーストを唱え、移民たちがアメリカ人の職を圧迫していると主張し、それが移民に厳しい政策を期待する不満層に支持されたのです。またロシアにおいては、クリミア問題で欧米諸国からの経済制裁を受けた結果、国民の間にナショナリズムが高揚しています。このような時期に日ロ間の懸案である北方領土問題を解決しようと試みても不可能なことは最初から明らかでした。

このようにグローバリズムに不満を持つ多くの人々が、反グローバリズム旋風を起こし始めたのです。ただ、反グローバリズムというのは、グローバリズムに反対することであり、それがどのような社会となるかは不明です。方向性としては、移民を制限したり、海外の安い労働力で生産された産物が輸入されて国内の産業が打撃を受けることから守る保護政策が取られたり、ナショナリズムが強化されることになることが予想されます。それは国家の壁を高くすることを意味します。結果として国家間の衝突が起きやすくなるでしょう。私たちはきな臭い戦争の時代に舞い戻ってしまうのでしょうか。

トランプ政権を「チャンス」に

二〇世紀は欧米中心の時代でした。二一世紀はアジアの時代といわれていますし、その通りでしょう。また、二〇世紀は戦争の時代でした。私たちはアジアの時代を平和の時代にしなくてはなりません。世界にきな臭さが漂い始めたいま、核能力を一層高めるべきだと主張し始めたトランプ大統領と、集団的自衛権の行使というアメリカの戦争に協力する道を大きく切り拓いた安倍首相が、どんな日米関係を構築していくのかとても気懸りです。歴史のターニングポイントのときに、アジアの盟主としての日本が、武力による日米同盟強化ではなく、対話と協調による世界平和への構想を示すべきであると痛感するのです。

私はトランプ候補の勝利を予想し、また期待もしていた一人です。なぜならば、ヒラリー・クリントン候補のバックには産軍複合体がおり、ヒラリー候補が勝利した場合、日本はアメリカの引き起こした戦争に、それが後方支援であれ何であれ、必ず協力する羽目になるであろうと思ったからです。ご承知の通り、昨今の戦争は、後方支援が敵に最も狙われ易く、自衛隊のなかから戦後初めて戦死者が出るであろうと容易に想像できたからでした。

もう一つトランプ候補に期待したのは、彼の選挙期間中の言動でした。トランプ候補は日米安保ただ乗り論という古い考え方を信じていました。既に日本における米軍基地は、決して日本の安全を守るために存在しているのではないことも明らかになっているのにもかかわらず、米軍基地は日本を守るために存在しているのだから、日本政府はもっと基地の負担をせよと主張しました。本来ならば、日米地位協定により、日本は一切基地負担をする必要がないのですが、金丸官房長官時代に、思いやり予算と称して、基地で働く日本人労働者の給料を肩代わりし始めたものが、いつの間にか基地負担の七割まで日本がカバーするようになっています。トランプ候補は、それでも足りない、日本政府は全額基地負担をせよと迫り、出さない場合には米軍を撤退させるとまで言い切ったのです。

これはチャンスです。少なくとも、日本を愛する、日本を真の独立国並みにすることを望む政権であれば、これはチャンスです。これ以上、日本政府が米軍基地負担をすることはあり得ません。ですから、それならば米軍を基地から撤退させるとトランプ大統領が脅したら、どうぞ撤退くださいと応えればよいのです。日本が受諾したポツダム宣言にも占領軍の撤退が明記されていますし、一国の領土の上に他国の軍隊が駐留し続けるということは、極めて異常なことであることは、少し考えれば当然なのです。トランプ大統領の誕生は、日本の異常な状態に終止符を打ち、日本が真に独立するチャンスともなり得るのです。これは辺野古移設問題や高江へのオスプレイの配備を抱える沖縄にとっても、大きなチャンスであることは間違いありません。

ただ問題は、現安倍政権は重症の米国依存症にかかっていますので、日本を独立させる勇気を持ちうるか、甚だ疑問があります。とくにトランプ大統領には弱みを見せてしまっただけに、高飛車に交渉してくると予想される大統領に対して、安倍首相や外務省が本来主張すべき日本の立場を貫き通せるとはとても思えないのです。

米国大統領選挙戦中、安倍首相は事もあろうかヒラリー・クリントン候補の勝利を期待しました。外務省はヒラリーが勝つと読んでいたのでしょう。外務省が如何に情報を正確に捉えていないかという証左であり、これはこれで深刻な問題なのですが。日本の大手紙は外務省を鵜呑みにして、こぞってトランプ批判を繰り返しました。ところがトランプ候補が勝ってしまったために、トランプ氏の心証をよくしたいとの思惑で、安倍首相は誰よりも早くトランプ候補の勝利のお祝いにニューヨークまで駆けつけたのです。トランプ氏としては、安倍首相がヒラリーを応援していて、自分を応援していなかったことは知っていたはずですが、だからこそ安倍首相が自分に会いに来るのはありがたい、今後の日米関係を有利に展開できると喜んで、安倍首相を厚くもてなしたことはいうまでもありません。

一国の首相が次期大統領に電話で祝意を述べることは当然としても、まだ現職の大統領が存在しているときに、面談を申し入れることなどあってはなりません。案の定、オバマ大統領は安倍首相が自分を飛び越してトランプ候補に会いに行ったことに、激怒しました。それで今度は何とかオバマ大統領の気持ちを鎮めなければと、安倍首相はオバマ大統領が毎年、年末にハワイで過ごすことを利用して、突然真珠湾に行くことにしたのです。私は安倍首相が真珠湾を訪問する決断をしたことを否定するつもりはありません。日本の歴史上最大の戦略ミスは一九四一年一二月の真珠湾攻撃ですから、真珠湾攻撃によって日米開戦となり、数百万人の命を失わせたことに対して、現職の総理が日本人と米国人に謝罪して弔うことは意味のあることと理解しています。ただ、安倍首相は真珠湾でオバマ大統領が広島で謝罪をしなかったからか、誤った戦争を起こしてしまったことに対する謝罪の言葉を述べませんでした。安倍首相の真珠湾訪問については、首相の広報機関とさえ批判されているＮＨＫも、安倍首相の「不戦の誓い」は具体的なことは何も語っていないので空虚に感じたと報道しました。

しかしさらに問題は、外務省に容易に操られている大手メディアが、ここに至るまでの安倍首相や外務省の失策の連続を殆ど報じないことです。報じないどころか、現職の総理の真珠湾訪問は、吉田茂、鳩山一郎、岸信介など何人もいるのに、歴史的な偉業と見せたいために、暫くの間、安倍首相の真珠湾訪問は現職首相として初めてであると事実に反したことを盛んに報じた始末です。こんな状態ですから、トランプ氏としては、日本との外交を牛耳ることは、赤子の手をひねるほど簡単になると思ったことでしょう。

なお、蛇足ですが、祖父一郎は一九五六年一〇月二九日、脳溢血による半身不随の身体でそれこそ命を賭けた日ソ交渉をモスクワで行った後、西周りでハワイに立ち寄った際に真珠湾を訪れています。このことは妻薫の日記の中に、「十時半出発、国立墓地に供花参拝。次いで真珠湾の司令部に行き公式の軍儀礼として十九発の礼砲を受け、十二時半帰宿」と書かれています。

そのトランプ氏ですが、閣僚人事はかなり強烈な印象を持ちました。中でも沖縄の基地問題に最も影響を与えると思われるのは、国防長官に退役海兵隊の大将ジョージ・マティス将軍を指名したことです。マティス将軍は一九九一年の湾岸戦争で突撃部隊を指揮し、二〇〇一年にはアフガニスタン、二〇〇三年のイラク戦争にも参加し、大きな役割を演じています。「狂犬」の異名を持つマティス元中央軍司令官は、イランこそ中東の安定と平和を脅かす最大の脅威だと非難しています。彼が国防長官になることによって、オバマ政権時代になされたイランの核開発問題に関する欧米とイランとの間の合意が崩される懸念があります。イスラエルとイランとの間がさらに険悪となり、戦争状態となることもあり得ないとは限りません。その際には安倍政権が成立させた集団的自衛権に基づいて、日本が戦争に参加する危険性もあると思わなければなりません。また、海兵隊出身の国防長官ですし、実際に中尉としてうるま市のキャンプ・コートニーの第三海兵師団でライフル小隊・武器小隊の指揮を執っていた経験もあるので、沖縄に展開している海兵隊を縮小させることには、強く抵抗することが予想されます。否、普天間飛行場の辺野古移設に伴う新基地建設を強硬に推進していくのではないかと極めて心配です。辺野古や高江でのたたかいはより一層困難が加わったといわざるを得ません。

(2) 沖縄問題にみるアメリカへの従属

オスプレイの二つの事故

その辺野古や高江にかかわる問題として、二つの大きな事件が起きました。一つはオスプレイが遂に沖縄でも大きな事故を起こしたことです。未亡人製造機と呼ばれるほど、開発段階から事故の多かったオスプレイでしたが、沖縄で同時期に二つの事故を起こしたのです。二〇一六年一二月一三日午後九時五〇分ころ、MV22オスプレイが名護市安部の沿岸部に墜落したのです。米軍側の説明によると、夜間の空中給油の訓練中に、空中給油機MC130の給油ホースが、乱気流などの影響を受けて、回転翼を前に傾けた固定翼モードのオスプレイのプロペラに接触して墜落したということです。さらに同日夜、もう一機のオスプレイが普天間飛行場で胴体着陸しました。こちらは大事故には至りませんでしたが、脚部が故障したとの説明でした。恐れていたことがやはり起きてしまったのです(空中給油訓練も一カ月も経たずに再開)。普天間飛行場に二四機配備されているオスプレイが、一日の間に二機も事故を起こすとは、とても安全な乗り物とはいえません。沖縄の多くのみなさんがオスプレイの撤去を求めて運動をしてきたことに理があることが証明されました。

もしオスプレイが名護市の住宅街に墜ちていたらと思うと背筋がぞっとします。大変悲惨なことになっていたことは間違いないでしょう。ところが墜落事故に抗議をした安慶田《あげた》副知事（当時）にニコルソン在沖米四軍調整官は机を叩いて「操縦士に感謝すべき」と怒りを示したと聞きます。操縦士が市街地を避けて海辺に墜ちたのだから感謝しろということのようです。とんでもない了見です。例えば、建設資材を落として、下を通った人の頭上に当たることを避けたから感謝せよというのでしょうか。決して被害者に対していうセリフではありません。このような発言が出てしまうこと自体、米軍人が沖縄県民より偉いという思い上がりがあるからでしょう。沖縄の人々が差別されていると感じるのも無理はありません。もっといえば、墜落地点が海辺だからよかったわけはありません。この地域の人々にとっては生活を支える海なのです。大事な海に墜ちられたら堪《たま》りません。ところが、沖縄防衛局に事故機の飛行経路を聞いても、答えられないのです。日本政府は沖縄の声には耳を貸さず、米軍のいいなりで何の調査もできていないのです。

日本政府や米軍はオスプレイに事故が起きたら、辺野古移設や高江のヘリパッド建設に支障が出るどころではなく、米軍基地撤去の運動に火がつくと考えたのでしょう。この重大事故をできるだけ小さく見せるために、「墜落」とはいわず、「不時着」、「着水」と発表しました。大手メディアもそれに従いました。私も現場を視察しましたが、オスプレイは大破しているのですから、「不時着」ではなく、「墜落」であることは事実なのです。しかし、政府は大手メディアを懐柔していますので、多くの国民は事実を知らされずに「不時着」したと思っているのではないでしょうか。政府が虚偽の報道をすることは国家の崩壊の兆しです。

情けないを通りこして

この事故への対処に関して、政府の米軍への従属姿勢は情けないを通りこして悲しくさえありました。安倍首相はオスプレイの墜落後、「原因究明まで運航を止めてもらいたいと米国側に要請した」とテレビ番組で話しました。稲田防衛相は「不安を感じている県民や地元の方々にしっかり説明することに尽きる」と述べました。ところが原因究明も不十分で、地元の不安に防衛局は調査中としか答えられず、県民のみなさんが全く納得できないうちに、事故から六日でオスプレイの飛行が再開されました。言葉では県民に配慮しているかのように思わせながら、結局は米軍に何もいえない政府の姿が浮き彫りになりました。

先ほど申したように、このオスプレイの重大墜落事故は、辺野古移設問題にも、高江のヘリパッド建設問題にも大きな影響を与えるのはいうまでもありません。そもそも翁長知事が再三述べているように、沖縄の米軍基地は銃剣とブルドーザーによって造られたものであって、沖縄県民が合意して造られた基地などなく、普天間飛行場は早期に撤去すべきであるが、だからといってその代替として新しい基地を県内に造ることは許されないという多くの県民の強い意志があります。その上、しばしば事故を起こしている危険なオスプレイを沖縄に持ってくるなどとんでもない、すぐに撤去せよというのが県民のコンセンサスに近い状況でした。このような県民感情だ存在していたところに、オスプレイが実際に沖縄で墜落したのですから、辺野古新基地は造らせない、オスプレイは撤去せよとの県民の反対運動がさらに燃え上ることになったのは当然です。

オスプレイはヘリのように離着陸にスペースを取らず、飛行機のようなスピードで飛ぶことのできる、理想的な飛行物体ではありますが、こんなに事故が多く騒音もひどくては未だに実用段階ではありません。日本国内を飛行させてはなりません。まして防衛省が高い金を出して購入するべき代物ではありません。自衛隊が日本防衛のためにオスプレイを必要とするとは思えません。それでも購入するのは、米国に買わされているか、米国に媚を売るために買うかでしょう。こんな無駄遣いで後世に負担を残すことは断じてあってはならないことです。そんなお金があれば、多くの国民の命を救うことができます。

北部訓練場の返還は負担軽減になったか

高江のヘリパッドについては、地域住民の安全と自然を守ろうとする人々が、本土からも応援に駆け付けるなど、反対運動が盛り上がるなか、政府は問答無用と工事を強行しています。辺野古や高江で抗議行動を指揮していた山城博治沖縄平和運動センター議長が逮捕されて勾留されました。またそのほかにも多くの抗議市民が逮捕される事態となっています。沖縄県と国の溝はますます深くなってきています。

もともと高江の六つのヘリパッドは北部訓練場の過半を返還する条件として日米特別行動委員会（ＳＡＣＯ）で合意されたものですが、そのなかにオスプレイの運用は書かれていませんでした。ヘリパッドの近くには集落があります。その集落の頭上をすでに毎日オスプレイが飛んでいるのです。翁長知事としては、北部訓練場の四〇一〇ヘクタールが返還されることはありがたいことであり、条件としての高江のヘリパッド建設の全てに反対をすることは難しいけれども、オスプレイを飛行させることは認められないという立場と思われます。そこに今回のオスプレイの墜落事故です。政府としては、北部訓練場の返還式を自粛すべきではなかったでしょうか。

ところが政府はオスプレイの重大事故の九日後に、北部訓練場の過半の返還式を名護市の万国津梁館《ばんこくしんりょうかん》で行いました。この式典で菅官房長官は「本土復帰以来最大の返還であり、沖縄の米軍施設の約二割が返還され、沖縄の負担軽減に大きく寄与する」と強調しました。約四〇〇〇ヘクタールも返還してもらったのだから、沖縄のみなさんには大きな負担軽減になり、だから高江のヘリパッドは当然として、辺野古移設もいいではないか、という世論形成を期待した発言です。出席したケネディ駐日米大使もその主旨の発言をし、現実に大手メディアはその世論形成に貢献しました。ですから沖縄県民以外の人々の多くは、その通りと受け止めたのではないでしょうか。

では実際に沖縄県民の負担軽減になったのでしょうか。確かに米軍専用施設面積の沖縄の占める割合は七四％から七〇％に低下しました。でもたかだか四％の低下に過ぎないともいえますし、まだ七割も沖縄に集中しているのです。しかも、返還された土地は山林であり、米軍にとって全く使えない無用の場所であるからこそ返還したのであり、返還されても県民が生活に使えるようなところではないのです。その代わりに高江の住民の住む近くにヘリパッドを造られては、住民にとって負担は増えこそすれ減ったのではないのです。多くの国民の受け止め方と沖縄県民の理解とはあまりにもかけ離れているのです。

このような状況で行われた返還式典です。この式典に招待されていた翁長知事は欠席し、逆に同時期に名護市で開かれた「欠陥機オスプレイ撤去を求める緊急抗議集会」に駆けつけました。そして「オスプレイが高江に近い着陸帯で運用されるのは極めて問題だ。政府の返還式典強行は県民に寄り添う姿が全く見えない」と強く批判をしました。県民に勇気を与える発言です。そして「新辺野古基地を造らせなければオスプレイも配備撤回できる。必ず造らせないよう頑張ろう」と集まった四二〇〇〇人の県民の前で力強く呼びかけました。辺野古訴訟で翁長知事は苦境に立たされているのですが、この言葉は、それでも辺野古に基地は造らせないという強い意志を示されたものです。

沖縄を侮辱する判決

二つ目の大きな事件は、辺野古訴訟で沖縄県が敗訴したことです。仲井眞前知事が辞める直前に辺野古の埋め立て承認を行いましたが、翁長知事は有識者の判断を求め、その結果として埋め立て承認を取り消しました。この埋め立て承認取り消しを巡って、国は沖縄県を相手に不作為の違法確認訴訟を提起して、福岡高裁那覇支部は沖縄県敗訴の判決を出していました。沖縄県はそれを不服として上告をしていたのですが、オスプレイが墜落したちょうど一週間後に、最高裁は県の上告を棄却したのです。これは予想されていたことではありました。

かつて砂川判決において、安全保障のような高度の政治性を持つ問題に関しては、最高裁は法的判断をしない、という統治行為論が採用され、結果として国の立場が黙認されることにしたからです。つまり司法は行政に従属するという状況なのです。私はこれは司法の自殺行為ではないかと思いますが、情けなくも日本では三権は分立していないのです。安倍政権においては、立法も行政に従属していますので、行政の一人勝ちといえるでしょう。非常に不健全な国家の運営となっているのです。統治行為論が採用される状況では、県が国とたたかっても勝てる見込みはありません。地方自治は踏みにじられてしまうのです。民主主義は成り立たないのです。

それにしても、最高裁は口頭弁論さえ開かずに、県の考えを聞こうともせずに判決をいい渡しました。まさに問答無用の対応です。県側に弁論の場も与えずに門前払いをするとは、何と沖縄を侮辱する行為でしょうか。高裁が普天間飛行場の移設は「辺野古が唯一」と判決で踏み込んだものを、最高裁は自ら調査をすることさえせずに追認しました。「辺野古が唯一」ではなく、いくつもの代替案が存在しています。それはさまざまな識者が指摘しています。にもかかわらず、政府が「辺野古が唯一」といえば、最高裁は検証もせずにオウム返しに「辺野古が唯一」と決めつけるのです。

このような最高裁さえ沖縄県民の民主主義を打ち砕く判決をいい渡したことで、県民はますます徹底して抗戦する意思を強めるのではないでしょうか。県民のなかには裁判所は公正に裁いてくれるものと期待していた方も多かったのではないかと思います。ところが、今回の判決で司法までが沖縄県民を侮辱したことに憤り、島ぐるみで辺野古新基地阻止の運動をしている方々の活動は、さらに強化されるでしょう。

翁長知事はその先頭に立って辺野古移設阻止を貫く覚悟です。知事としては、埋め立て承認取り消しを取り消さざるを得ませんでしたが、「辺野古基地は造らせないとの信念をしっかり持ちつつ思いを遂げたい」と決意を新たにされています。国は待ってましたとばかり、埋め立て工事を再開しましたが、県が敗訴したのは不作為の違法確認訴訟のみであり、岩礁破砕や工事設計変更などの許認可権限が地方自治体に与えられているので、合法的なたたかいはこれからも続けられていくでしょう。ただ、裁判での決着は不利であることは事実ですので、司法に依らず、あくまで沖縄県民の民意が結束していれば、辺野古に基地は造ることはできません。

彼らにはいざとなったら自己決定権を利用して住民投票を行い、独立するという最後の手段があるのですから。すなわち、沖縄県民の民意が辺野古移設を阻止する最後の砦となるでしょう。沖縄を軍事の要石から平和の要石にしなくてはなりません。そのためには辺野古新基地はけっして造らせてはならないのです。

（3）東アジア共同体の実現に向けて

対話・協調の道筋を

二〇一七年は反グローバリズムの流れが世界各地に広まり、各国でナショナリズムが強化される懸念があります。この時こそ、日本外交が主導権を発揮して、反グローバリズムがナショナリズムの強化にならないように、あらゆる問題において、対立を煽り紛争を引き起こすのではなく、対話を求め協調していく道筋を示すべきです。日本人の心のなかには、和を以て貴しと成す精神が宿っているのですから。私たちは武力によっては真の平和を実現することはできないことを知るべきです。

その意味において、私は日本が率先してまずは東アジア共同体の実現に向けて旗振り役を務めるべきと思うのです。国家の壁をなくすグローバリズムと、国家の壁を高く築くナショナリズムに対して、国家の違いを尊重しながら地域の国家が共存するリージョナリズムに、混迷する現代を解く鍵があると信じています。既にASEAN（東南アジア諸国連合）一〇か国は二〇一五年末に経済を中心に共同体ができていますし、習近平主席は何度も東アジア共同体の必要性を述べています。習主席の一帯一路構想は東アジア共同体を包含する構想ともいえます。核開発とミサイル発射を繰り返している北朝鮮の存在はその実現に困難を伴いますが、日本が東アジア共同体構想に前向きになれば、東アジアは平和に向けて大きな前進となります。

EUが英国の離脱問題や移民問題を抱えて、さらにはギリシャに端を発する金融危機を経験し、EUやリージョナリズムの意義も疑われている昨今ですが、私はEUが不戦共同体の役割を果たしている意義はいまでも大きいと考えます。ヨーロッパの歴史は戦争の歴史といっても過言ではなかったのですが、EUがつくられて以来、ヨーロッパの国同士の戦争には終止符が打たれました。

私は日本、中国、韓国そしてASEANがあらゆる問題を対話によって解決するシステムをつくり、紛争を未然に防止することが可能となれば、東アジアを不戦の地域にすることは可能となると思っています。また紛争はしばしば貧富の格差からくる差別意識によって引き起こされます。東アジアの貧富の格差を縮小することに資するインフラの整備を図ることにより、紛争の種を減らすこともできるでしょう。一帯一路構想を進めることは、ユーラシア大陸全体で途上国中心にインフラの整備が行われることであり、地域全体を政治的に安定させることに貢献するでしょう。私は一帯一路構想を進捗させる機関として設立されたアジアインフラ投資銀行（ＡＩＩＢ）の国際諮問委員に指名されましたので、その立場から、地域の繁栄と安定に役立つ事業を推進することになにがしかの役割を果たしたいと願っています。

二つの常設の会議体の設立を

そして、東アジアを不戦の地域にするための対話の場として、東アジア共同体会議と東アジア平和会議を二つの常設の会議体として設立することを提案いたします。東アジア共同体会議では、経済問題を始め、教育、文化、スポーツ、環境、エネルギー、医療、防災、防犯など安全保障を除くあらゆる分野の問題を議論します。また、東アジア平和会議では安全保障に限って議論をいたします。メンバーは東アジア諸国を中心に人数を定めますが、インド、ニュージーランド、オーストラリアやアメリカ、ロシアなど関心のある国々も排除しないでよいと考えます。排他的な考え方は壁をつくるだけであり、決して望ましいと思わないからです。

私は東アジア共同体会議を沖縄に、また東アジア平和会議を済州島に設置することが最も適当ではないかと思います。なぜなら、これらの地域はそれぞれ現在軍事的な要の地域として存在していますが、将来は軍事的な要ではなく平和の創造の要として役割を果たすべきであると念じているからです。この二つの会議がＥＵにおけるＥＵ議会のような役割を果たすようになるとき、東アジアに真の平和が訪れることになると信じています。

本土の差別的な対沖縄政策と沖縄の怒り
――その原点としての沖縄戦の記憶

大田　昌秀

（1）戦後史の原点としての沖縄戦――米軍より恐れられた旧日本軍

沖縄戦の当時、私は一九歳で、首里にある師範学校の生徒でした。戦争中、沖縄には一二の男子中等学校と、一〇の女学校があったのです。それらすべての学校で、一〇代の生徒たちが戦場に出されました。普通は、そういう若い人たちを戦場に出すには国会で法律をつくらなければいけません。ちょうど昭和二〇年六月二二日――いまの慰霊の日の前日です。日本本土で「義勇兵役法」という法律ができて、男性は一五歳から六〇歳まで、女性は一七歳から四〇歳までの人たちを戦闘員として戦場に出すことが初めて可能になりました。ところがそれは、沖縄戦での組織的抵抗が終わってからできた法律なのです。ですから、沖縄戦では沖縄の若者は法的な根拠もないまま戦場に送り出され、そして動員された約半数が犠牲になりました。

私たちは銃一丁と一二〇発の銃弾と二個の手榴弾を持たされて、半袖半ズボンで戦場に出されたのです。

そして、戦争が日本軍にとって不利な状況になってきたときに、戦場で旧日本軍の沖縄住民に対する対応を否応なしに見せつけられました。例えば、自然洞窟や自分たちで掘った壕、あるいは亀甲墓などに住民が家族で戦火を避けて入っている。そこに本土からきた兵隊たちがやって来て、「俺たちは本土から沖縄を守るためにはるばるやってきたのだから、お前たちはここを出て行け」といって、壕から家族を追い出してしまうのです。いっしょに入っている場合でも、地下壕ですからそれこそ表現ができないほど鬱陶しい環境で、子どもが泣くわけです。そのときに兵隊は、敵に気づかれてしまうから「子どもを殺せ」という。母親は子どもを殺せないものだから、子どもを抱いて壕の外に出ていき、砲弾が雨あられと降るなかで母子は死んでしまう。それを見て今度は、別の母親が子どもを抱いたまま壕のなかに潜む。また同じような光景が起こり、今度は兵隊が近寄ってきて子どもを奪い取り、銃剣で刺し殺してしまう……。そういうことが毎日のように起こると、沖縄の住民の間から「敵の米兵よりも日本軍の方が怖い」という声が出てくるわけです。

私は、守備軍兵士による沖縄住民の殺害ばかりでなく、食糧をめぐって守備軍兵士同士が殺し合ったりする光景を見て、「いったいこの戦争とは何だ」と思わざるを得なくなって、旧日本軍に対する信頼感が一挙に失われたのです。私が戦争から生き延びて真っ先にやろうとしたのは、自分のなかの疑問を明らかにすることでした。なぜこんな戦争に自分たちは巻き込まれたのか。なぜ僕らのクラスメートや同胞たちが、こんなにたくさん死ななくちゃいけなかったのか。人生をつぼみのままに若者たちが死んでしまった理由を、どうしても明らかにしたいと思ったのです。それから二〇年間、私はアメリカの国立公文書館などに沖縄戦の記録を求めて歩き続けました。そして沖縄戦の記録や資料を手に入れ、それらを分析した結果、日本がいかに間違ったことをしてきたか、なぜ沖縄が巻き込まれたのかがわかりました。

(2) 辺野古問題の起点としての少女暴行事件

一九九五年五月に少女暴行事件が起きました。それを受けて沖縄県民八万五〇〇〇人が抗議大会を開いたら、日米両政府が慌てました。そしてSACO(沖縄に関する特別行動委員会)というものを組織して、後に普天間飛行場を返還すると発表したのです。しかし、それには代替飛行場をつくるという条件がついていたのです。そしてその代替地として辺野古が浮上しました。ところがこの辺野古に関して日米両政府が出した中間報告と最終報告が違うことがわかったのです。それで丹念にチェックしたら、日本政府の報告書に、普天間飛行場を五分の一に縮小して辺野古に移すと書いてあったのです。現在の普天間飛行場の滑走路の長さは約二六〇〇メートルですから、それを約一三〇〇メートルに縮めて前後に一〇〇メートルの緩衝地帯を設け、長くても一五〇〇メートル程度に縮小して移すというのです。建設期間は五~七年で、建設費用は五〇〇〇億円以内というのが、日本政府の当初の方針だったのです。ところがアメリカ政府の最終報告では、MV22オスプレイを二四機配備し、これが安全に運行するために二年の演習期間が必要なので、建設期間は少なくとも一二年。建設費用は一兆円、運用年数四〇年、耐用年数二〇〇年になるような基地をつくると、はっきり書いてあるんです。中間報告とはまるっきり違うし、いったいそんなものができたら、沖縄は未来永劫基地と共生しないといけなくなってしまいます。だから私はこれは絶対にダメだといったわけです。

話は少しさかのぼりますが、吉田茂首相のころ、吉田茂元首相が当時の外務省条約局長の西村熊雄氏に、サンフランシスコ平和条約の締結条件を早くアメリカ政府に出すよう指示した記録があるのです。そのなかに「琉球は将来日本に返してほしいが、いまは米軍が軍事基地として使いたがっているから、九九年間のバミューダ方式で貸す」という内容があるのです。私はそれを見たときに、アメリカとアメリカの意向を忖度する日本から「耐用年数二〇〇年」という発想が出てくるのは当然だと思いました。恐らくいまも吉田元首相の発言が生きているのかも知れません。

普天間飛行場の移設先について、日本政府は最初、辺野古とはいわなかった。しかし辺野古となった。なぜ辺野古となったのでしょうか。

私は沖縄県知事になって、まず最初に沖縄県公文書館をつくり、アメリカで修士号をとった沖縄出身の優秀な学生を県の職員に採用して、アメリカの国立公文書館に九年間みっちり通わせ、沖縄に関連する、公開解禁になった資料を片っぱしから送ってもらいました。普天間飛行場の移設先について、日本政府は最初、辺野古とはいわなかった。「沖縄本島の東側海岸」といってごまかしていたのです。それが辺野古と決まったとき、なぜだろうと思ってその公文書資料をチェックしてみたのです。そうしたら驚いたことに、意外な事実がわかりました。

一九五三年から一九五八年まで、米軍が沖縄の農家の土地を強制的にとりあげて軍事基地に変えていった時代に、「島ぐるみの土地闘争」といわれる、沖縄の歴史始まって以来の大衆反米行動が起きました。そうしたなかで、沖縄の日本返還の話が一九六五年ごろに始まるわけです。アメリカ政府は沖縄が日本に復帰して、日本国憲法が適用されると、沖縄県民の権利意識がますます強まって基地の運用が厳しくなると考えました。そのためアメリカは、自分たちにとって一番重要な基地は嘉手納以南の人口が一番多い地域に集中している。それをひとまとめにしてどこか別の場所に移そうと計画を立てたのです。そして適当な基地を求めてアメリカのゼネコンまで入れて西表島から沖縄本島北部の方まで全部調査したのです。その結果、辺野古のある大浦湾が一番いいという結論になった。なぜかというと、那覇軍港は水深が浅くて航空母艦が入らないのです。ところが辺野古のある大浦湾は水深が三〇メートルあるので航空母艦を横付けできる。そこで滑走路だけではなく、海軍の巨大な桟橋をつくって航空母艦や強襲揚陸艦を入れ、さらに反対側には核兵器を収容できる陸軍の弾薬庫をつくる計画を立てたのです。

（3）半世紀前に挫折した基地計画の全面復活

二〇〇九年、民主党に政権交代が起きたことを機に沖縄返還交渉時に交わされた密約が明らかになりました。沖縄が日本に復帰して憲法を適用されても、アメリカの基地の自由使用を認め、いつでも核兵器を持ち込めるという約束でした。それでアメリカは安心していたのです。しかも、密約が交わされた当時、アメリカはベトナム戦争で軍事費を使ってしまって金がなく、辺野古での建設費も移設費用もすべて米軍の自己負担だったため、この計画は放置されていたのです。そしていまになって――実に半世紀ぶりにこの計画が息を吹き返したわけです。いまは移設費から建設費、維持費、思いやり予算まで、みんな日本の税金で賄う。米軍としては、こんなにありがたい話はない。半世紀前に計画した基地が、全部日本の税金で実現できるようになったのですから。米軍が普天間飛行場を辺野古に移すのにはそういう背景もあるのです。

ここで強調しておきたいことは、辺野古移設は日本国民全員にかかわる問題であるということです。普天間の副司令官・トーマス・キングがＮＨＫのインタビューに答えて、辺野古には普天間での軍事力を二〇％強化した基地をつくると語っていました。また、いまの普天間飛行場では弾薬を積めません。米軍のヘリ部隊がアフガニスタン戦争やイラク戦争で出撃するときは普天間から嘉手納飛行場に行って弾薬を積む必要があるのです。それが、辺野古に移したら、陸からも海からも自由に弾薬を積める。さらにＭＶ22オスプレイも、二四機配備する。そうすると現在の普天間飛行場の年間の維持費は二八〇万ドルですが、辺野古に移ったらこれが一気に二億ドルに跳ね上がります。

このような巨額のお金を誰が負担するのか……日本の税金で賄ってもらおうといっているわけです。つまり、辺野古に基地をつくったら、耐用年数二〇〇年で一兆五〇〇〇億円という関西新空港並みの予算規模になる。本土のみなさんは自分たちの頭の上にどれだけの財政負担がかぶさってくるか、なかなかわからない。だから「辺野古賛成」といっていられるのです。また、辺野古への基地移設の問題は、場所を移すかどうかというだけではなく、どういう基地をつくるのかも含めて真剣に議論していただきたいのです。一兆五〇〇〇億円という巨額な財政負担が「思いやり予算」という名目で、どれだけ自分たちにかかってくるのか、そういうことも含めてきちんと考えないと、とんでもないことになりかねないと心配しています。私など、そんなに財政のゆとりがあるなら、福島県の復興を一日でも早く進めるべきだと思います。

これまで日本本土の国益の名において、沖縄は絶えずモノ扱いされ、政治的取引の具に利用され続けてきました。沖縄は本土復帰するまで、憲法が適用されていませんでした。それはつまり、憲法にうたわれている人間の基本的な権利が担保されていない——人間が人間らしく生きていけないということなのです。ですから、いま、沖縄には怒りが満ち満ちているわけです。

（4）沖縄の怒りと沖縄（琉球）独立論

いま沖縄でいちばん問題になっているのは、沖縄の人が、日本人やアメリカ人とまったく同じ人間なのに、人間扱いされなくて、絶えずモノ扱いされているということです。他人の幸せをつくるための手段、もしくは政治目的の取り引きの具に供されている。そのことに沖縄の人は非常に怒っている。怒りが充満しています。

そうしたなかで、いま沖縄（琉球）独立論が広がってきています。これまでの独立論というのは政治家がいっていたのですが、いままでと違って、大学の教授たちがいい出しているということです。たとえば「琉球民族独立総合研究学会」という学会もできました。私もその研究学会の発起人の一人になっていましたが、その学会にはアメリカの大学院などを出た若い女性たちも参加しています。その学会を中心に、いま、シンポジウムなどが開かれ、琉球独立が唱えられるようになっているのです。このようにいま沖縄で独立論が出てきているのは、本土の沖縄政策に対して沖縄の怒りが強まっているという背景があるからです。

ところで、昔から本土と沖縄の間には心理的溝があるといわれていました。沖縄戦の始まる前、一九四三年ごろに米軍はこれを徹底的に勉強しました。ニューヨークのコロンビア大学に沖縄研究チームというものをつくって、イェール大学とかプリンストン大学とかハーバード大学の教授たちを集めて、徹底的に沖縄研究をやらせたのです。

そのときに一番問題になったのが、日本本土と沖縄の間の心理的な溝でした。そしてアメリカは戦争が始まったらその心理的溝を拡大する方向をとろうと決めたのです。その政策は戦後にも及びました。対日戦後政策は、海軍省と陸軍省がいっしょになってつくりましたが、沖縄の戦後政策は、海軍の戦略研究所だけでつくったのです。

私が二〇年間、アメリカの公文書館に通っているうちに、沖縄関係の機密文書がいろいろ出てきました。それを見て驚きました。私は戦後なぜ沖縄が平和条約を締結するときに日本から切り離されたのか、初めは理由がわかりませんでした。国際政治学者たちが書いた本を読むと、日本が無条件降伏をしたから沖縄が切り離されたと書いてあります。でも、沖縄が戦争を始めたわけでもないし、沖縄だけが降伏したわけでもないのに、なぜ沖縄だけが切り離されるかが、私たちには当事者として、ずいぶん長い間疑問でした。それを私は、なんとしても明らかにしたいと、それでアメリカに通い続けたのですが、五年目にやっとわかりました。

米軍は沖縄に上陸したとたんに、ニミッツ布告といって、米国海軍軍政府布告第一号を公布しました。そのなかに、日本が戦争をしかけたからそれに対応して軍事戦略上沖縄を占領する必要があるとあったのです。それから、日本の間違った国策をつくった軍閥を徹底的に破壊するために沖縄を軍事占領する必要があると、軍事占領の目的がちゃんと書いてあるのです。

そのときに、南西諸島およびその近海を米軍の占領下に置くとあります。ところで、南西諸島とはどこかというと、奄美大島の屋久島の下の線になるわけです。口之島のところで、北緯三〇度の線。奄美大島は鹿児島県です。それがなぜ奄美も含めて切り離したかというと、ディーン・アチソンという国務長官が記者会見で、北緯三〇度という線は、純然たる日本民族と琉球民族の境目の線だといったのです。

そもそも、沖縄戦のときにも、沖縄守備軍（第三二軍）司令部が首里城の地下にあって、その沖縄守備軍司令部の防衛範囲は北緯三〇度から南とされていました。そこから北の方は本土防衛軍と呼んで、完全に区別していたということもありました。

そうしたこともあって、日本本土と沖縄の間には一貫して心理的な溝がある。これを拡大することによって、キャラウェイという高等弁務官は、離日政策、日本から切り離す露骨な政策をとったわけです。琉球政府のときに沖縄といわずに琉球といったのは、米軍が日本と沖縄を切り離して琉球国を思い起こさせるような言葉を意図的に使ったこともあったと思います。

もともと、〝琉球〟という言葉は、昔の人たちは、あまり使いたがりませんでした。ところが戦後になって、琉球銀行ができたり製糖会社も琉球製糖などができたり、みんな〝沖縄〟と対比するような会社ができるようになった。そんなわけで、奄美も含めて琉球という言い方をするようになったのですが、琉球という言葉は、昔はあまり歓迎されなかったのです。ところが米軍がそれを意図的に使い始めた。そういう経緯があったのです。

それとの関連で、最近、沖縄独立論が非常にはやってきていますが、それは日本政府に対して、正直いってもうみんなうんざりしているからです。政府が沖縄住民の強い反対の意思を無視して辺野古案を強行すれば、必ずや人命にかかわる事件・事故が起きかねず、そうなると、行政がコントロールできない事態となり、沖縄を犠牲にして成り立っている日米安保体制そのものが崩壊する恐れがあることを警告せざるを得ません。このことは、日本政府にぜひとも真剣に考えてほしい点です。とりわけ最近は、上から一方的に沖縄に過重に押しつけている基地問題や沖縄に対する政府の不当な差別への不満の声が際立って多くなっています。

そして、いま沖縄では、本土側の「沖縄差別」に抗議する意見と「沖縄の自立・独立」を志向する言論がいわばキーワードとなってあふれています。

（5）東アジア共同体の意義と可能性

現在、沖縄を含め日本では、「東アジア共同体」という言葉が独り歩きしているように思われます。というのは、この言葉が半ば普遍化しつつあるにもかかわらず、意外とその内容や手法が判然としないからです。

むろん「東アジア共同体」というのは、漠然と日・中・韓＋ＡＳＥＡＮを指すことは把握できても、その中身に立ち入ると、意外と判然としなくなるのです。とりわけ「東アジア共同体」をつくるとなると、日・中・韓の間でさえ、歴史認識が違っていたり、慰安婦問題や強制連行問題などのように、過去において日本側が犯した数々の加害責任がいま以て未解決のままだけに「東アジア共同体」の形成は、至難の業に思われてならないのです。なぜなら過去の諸課題の清算を通してでなければ、「東アジア共同体」の一員となるための共通の基盤、もしくは共通のコンセンサスが生まれようがないはずだからです。つまり､東アジアの人々は､世界の人々に何を提供できるのかについて真剣に考えてみる必要があります。東アジア人としての特殊性と同時に新しい普遍性を提示できるのかが問われているからです。

いま、東アジアでは、進歩という言葉や平和という言葉も異なった脈絡で使われているのではないでしょうか。たんに戦争の不在というような消極的な定義を超えて、軍国主義とか、貧困、環境破壊、家父長制などによって引き起こされるすべての構造的抑圧を取り除くことを以て、平和を規定しようとする傾向が強まってきています。すなわち東アジアの和解と平和に至る道筋として、最近は東アジア共同体への関心がいちだんと強まっています。一九九七年にASEAN＋3（日・中・韓）体制がスタートして以降、二〇〇一年にASEAN＋3の首脳会談において、平和、繁栄、発展を求める「東アジア共同体」ビジョンが採決されたのと前後して、激流のなかで変化する多様な東アジア共同体論議の現段階を、平和の観点で点検することに重点が置かれるようになりました。

寺島実郎氏によると、日本の近代史のなかには、「アジア主義」という、アジアに対して深い共感をもって日本近代史に向き合った人たちの例がたくさんある、孫文の辛亥革命を支援した多くの日本人の辿った歴史には、大変心を打つものがある、とのことです。ただし、全体としての日本の政策は、結局は「親亜」から「侵亜」に反転していく流れのなかに吸い込まれたというのです。「脱亜入欧」という言葉が出てきて、アジアの混乱に巻き込まれるよりも欧米先進国に目を向けようという流れができあがる。戦後も、新しいタイプの「脱亜入欧」論として、たとえば高坂正堯氏の『海洋国家日本の構想』(中央公論社、一九六五年)という本には、アジアに巻き込まれているよりも七つの海を広くとって世界に展開していった方がいいという考え方が出てきている、というわけです。(「東アジア連携への視座」『北朝鮮核実験以後の東アジア』〈別冊『世界』第七六四号〉)

以上のような観点から寺島氏は、「アジア連携の必然性」は避けられない、と強調しています。すなわち地球自身が、現在実現している三%成長の持続に耐えられるのかという設問を発しなければいけないような局面になっている、というわけです。日本海の生態系ということを考えても、これは日本だけで実現できるものではなく、中国、ロシア、韓国、北朝鮮、これらの国々と真剣にテーブルについて、一つのルールなり方向性を見つけ出していかなければ解決はできっこありません。環境問題はボーダーレスなので、この環境問題に冷静に対処していくためにも、アジアの連携は必然だというわけです。そのためには、「東アジア共同体」という総論よりも、個別の課題ごとの実利的な連携の積み重ねこそが重要である、というのです。寺島氏の発言は、「東アジア共同体」を実現する上で、熟読玩味すべき貴重な提言だと思います。

琉球独立の将来像
――植民地経済から自立経済へ

松島 泰勝

(1)「復帰」後の経済的植民地主義

一九七二年の「復帰」後、琉球は日本ナショナリズムを土台とする開発政策が実施され、政治経済的、社会的な日本への同化が促された。沖縄振興開発特別措置法(沖振法)という琉球に限定された法律が施行され、東京にある沖縄開発庁が琉球の開発計画を策定し、実施した。沖縄開発庁が開発調査、各省庁との調整、計画の策定をし、一括計上方式という各省庁の琉球に関する振興開発予算をまとめて計上し、高率補助を実現させた。沖縄開発庁の開発実務は琉球にある沖縄総合事務局が担当した。構造的に日本政府が決定権をもつシステムであり、琉球側の主体性が奪われた開発政治である。

沖縄開発庁は、二〇〇一年から内閣府沖縄担当部局に名称、機能を変更した。沖縄開発庁は主に開発行政を専管とするが、内閣府沖縄担当部局は、開発とともに基地、政治も含めて、総合的に琉球を管理する性格を有し、琉球を統治する日本の国家体制がさらに強化された。

「復帰」前後、観光業ではなく、石油備蓄基地、石油化学コンビナートを設置しようと日本政府、琉球政府（後に沖縄県庁）は考えた。しかし平安座島の海が埋め立てられ、ＣＴＳ（Central Terminal Station 石油備蓄精製基地）が建設されると、海が汚染され漁業が衰退した。日本の重厚長大産業が衰退するとともに、同島の石油精製が中止となり、多くの労働者が解雇された。開発側の当初の見込みは全くはずれ、発展の約束は嘘となった。地域も潤わず、環境も破壊された。大規模な企業の進出はなく、計画が目指した製造業の発展や、高失業状態の解消は実現しなかった。その後、琉球全体の経済のなかで製造業のシェアは低下し、観光業が主要産業になり、日本政府の開発計画は完全に破綻した。

その後も日本政府は、自由貿易地域、特別自由貿易地域、金融特区等の拠点開発主義で琉球経済が発展すると期待をもたせたが、失敗に終わった。失敗の最大の原因は、琉球の自己決定権や内発的発展に基づかないで、上から経済開発を推し進めたことにある。

（２）琉球経済の現状

二〇一二年度における琉球の県内総生産の構成比は次の通りである。最も大きいのが日本政府からの財政支出三九・八％、次に観光収入の一〇・五％、そして基地関係受取（軍雇用者所得＋軍用地料＋米軍等への財・サービスの提供）の五・七％となった。(1) 二〇一三年度における沖縄県歳入内の地方税、地方交付税、国庫支出金の構成比をみると、それぞれ一四・七％（全国三二・六％）、二九・三％（一七・二％）、三三・九％（一四・二％）である。(2) ひも付き補助金である国庫支出金が全国比でも大きな割合を占めている。

次に産業別就業者数比率の推移を見てみよう。一九七二年の産業別就業者数の構成比は、第一次産業が一八・一％、第二次産業が二〇・九％（内製造業九・一％、建設業一一・八％）、第三次産業が六一・〇％であったが、二〇一四年になると、第一次産業が四・五％、第二次産業が一五・七％（内製造業四・七％、建設業一〇・九％）、第三次産業が七九・一％になった。(3) 農業や製造業が衰退し、サービス業を中心とする第三次産業が肥大化するという歪《いびつ》な産業構造になった。二〇一二年における琉球の一人当たりの県民所得は年間約二〇四万円（全国最下位）であり、全国平均との格差は七三・九であった。(4) 日本ではいま、個人間の格差問題が注目を集めているが、琉球では「復帰」後四五年も日本との社会的な格差問題が続いている。

失業率は二〇一四年において五・四％（全国三・六％）であり、全国平均を大きく上回っている。特に若者の失業者が多く、一五〜一九歳が一〇・〇％（全国六・二％）、二〇〜二四歳が一二・二％（六・三％）、二五〜二九歳が七・五％（五・二％）である。(5)

雇用条件をみると、不安定な職場で働いている人が全国平均と比べると多い。二〇一二年の全雇用者に占める非正規雇用者の割合は、琉球が四四・五%で、全国平均が三八・二%である[6]。二〇〇九年の琉球のジニ係数（1に近づくほど地域内の経済的不平等が大きい）を項目ごとに示すと、収入が〇・三〇三（全国〇・二五九）、住宅・宅地資産額が〇・七〇二（〇・五六六）、貯蓄現在高が〇・六八七（〇・五六六）、耐久消費財資産額が〇・四二一（〇・四〇九）となる[7]。

全ての項目で琉球の方が全国平均より高い。琉球と日本との間だけでなく、琉球内でも貧富の格差が拡大している。日本政府から提供された振興開発事業費は琉球の経済自立、格差是正に役立たず、琉球内の格差も広げた。さらに高失業状態が公共事業への期待を生み、振興開発で環境が破壊される悪循環に陥った。

CTS失敗後、拠点開発の中心になったのが観光業であり、琉球の主要産業にまで成長した。入域観光客数をみると、一九七二年の約四四万から二〇一五年には約七七六万人に増加した。観光収入も一九七二年の約三二四億円から二〇一四年には約五一六九億円へと増えた[8]。しかし琉球の観光業はリーマンショック、航空機燃料費上昇、新型インフルエンザ、テロ・戦争、東日本大震災、尖閣諸島問題等により観光客数が大きく減少する不安定な構造を特徴としている。

観光市場でも日本に拠点をおく旅行代理店、航空会社、ホテルチェーン店等が、琉球の経済を支配した。琉球の島々で行った経済活動で獲得した利益は本社がある東京、大阪等に還流していく植民地経済が顕著になった。また日本企業による土地の買い占め、大規模開発、地元企業の買収・系列化も進み、琉球企業が倒産し、失業者が増加した。

（3）なぜ日本政府の振興策が失敗したのか

本来、開発は経済自立、住民福利の向上、基本的人権の保障等、人間の安全保障の促進を目的とする。しかし、琉球では人権を侵害する米軍基地を固定化し、琉球人を差別する手段として振興開発が流用された。琉球は、基地と切り離して振興開発自体を目的とした開発行政が許されない状態にある。

振興開発失敗の主な原因は次の通りである。①琉球の実態にもとづかない画一的な開発手法、②振興開発予算配分率の固定化、③開発計画の策定・実施過程における琉球側の主体的な参加の欠如、④中央官庁による介入・規制・指導、⑤基地と振興開発とのリンケージ。

振興開発には、経済発展過程における琉球人、琉球企業という主体の存在が欠如している。インフラ整備は誰のためのものであろうか。高率補助金で整備されたインフラにより日本企業の琉球進出が促進され、日本企業・日本人の経済支配つまり植民地経済が形成された。さらに日米地位協定にもとづいて、公共事業で整備された道路、港湾、空港等は米軍も利用できる。特別措置（自由貿易地域、特別自由貿易地域、情報特区、金融特区等）がほとんど失敗に終わった原因は、琉球側が経済政策の策定・実施過程での決定権を有していないことにある。

アジアの国々では民主化や経済発展が著しく進んだが、琉球には基地が強制され、日本に従属したままである。本来得られたはずの莫大な経済的利益が基地の存在で奪われ、経済主権（経済政策・税制・予算等の決定権）は日本政府が握っている。日本政府が多額の公的資金を投じても、大半の公的資金は島外に流れた。「復帰」とは日本にとって琉球という新たな市場の獲得を意味する。日本の企業や製品が琉球の市場を席巻し、琉球の製造業、流通業、建設業等の企業を倒産させ、多くの失業者が生み出された。

これまで日本企業の誘致を目的にしたインフラ整備に重点をおいた振興開発が実施され、琉球企業の育成・保護を柱にした琉球人、琉球企業のための経済政策がなおざりにされた。琉球では、外部から振興開発や民間投資の資金が投じられ、経済的利益が生まれても、その大半が島内で循環せずに外部に流出する「ザル経済、砂漠経済」つまり植民地経済が形成された。低賃金・不安定・重労働の労働条件下で働く琉球人も増えている。

開発手法にもさまざまな問題がある。振興開発予算の約九割は公共事業費である。産業連関表でみると、琉球において建設業の波及効果はセメントの窯業、飲食店やホテルのサービス業という一部産業に限定されている。日本とは違い、琉球は製造業の割合が小さく、公共事業と他の産業との連関効果が乏しいという問題を抱えている。公共事業費が増大しても、その約半分は日本企業が受注し、多くの原材料が移入される等、県外に資金が流出している。建設業以外の他産業への波及、経済全体の底上げ、雇用の増大という乗数効果が小さいのである。

振興開発で行われた土地改良事業において、日本と同じ画一的な土木工法が実施された。その結果、赤土が海に流出し、珊瑚礁が破壊された。振興開発による埋め立て、赤土汚染で沖縄島周辺の珊瑚礁の九〇%が破壊された。

振興開発よって市町村にハコモノ施設が建設されたが、その維持管理費は自治体の負担になるため、結局、財政赤字を抱えてしまうという問題も発生した。

開発の起爆剤と呼ばれた特別制度も期待通りの成果を生まなかった。自由貿易地域、特別自由貿易地域、金融特区、ＩＴ特区が整備されても、企業にとって魅力のある「優遇措置」でないため、投資が少なく、開発地域に閑古鳥が鳴くという状況が生まれている。

(4)「アメとムチ」の植民地政策

振興開発と基地との関係は「アメとムチ」としていい換えられる。一九九五年に琉球人少女が三人の米兵にレイプされた事件をきっかけに、反米軍、反基地闘争が激しくなった。そのような動きを抑えるために日本政府は基地と振興開発とを結びつける政策を実施した。基地関連の振興開発に依存させて、住民が基地を容認するように日本政府はしむけた。

このような「アメとムチ」の政策は、橋本龍太郎元首相が一九九六年に設置した沖縄政策協議会から始まる。同協議会は琉球の産業振興や雇用の確保など、琉球に関する基本政策の協議を目的とし、閣議に準じる組織とされた。主宰者は沖縄担当大臣であり、総理を除く全閣僚と沖縄県知事が構成メンバーであった。しかし、大田昌秀知事（当時）が米軍基地の辺野古移設案を拒否すると、日本政府は同協議会を開かず、補助金の一部を提供せず、琉球を締め付ける圧力の道具として同協議会を利用した。

近年、振興開発で防衛省の存在感が高まっている。内閣府沖縄担当部局の振興開発予算が減少するなか、防衛省の琉球関連予算は増加傾向にあり、振興開発と軍事基地とを密接にリンクさせている。米軍再編法案が成立し、防衛省が管轄する振興開発事業が増えている。本来、振興開発は琉球の経済自立、格差是正を目的としており、日米の安全保障とは関係がないにもかかわらず、基地存続のために振興開発が利用されており、「振興開発の軍事化」と呼べる。

日本政府の基地押しつけ政策と直接結びついた振興開発として次のものがある。普通交付税の算定項目に安全保障への貢献度を反映させる基地補正、沖縄米軍基地所在市町村活性化特別事業、北部振興事業、ＳＡＣＯ補助金、ＳＡＣＯ交付金、駐留軍等の再編の円滑な実施に関する特別措置法等である。

しかし基地と関連する振興開発で地域の経済は自立しなかった。このような振興予算が重点的に投じられた名護市にある商店街はシャッター通りとなり、琉球平均よりも失業率が高く、その他の沖縄島北部地域でも過疎化が深刻になった。インフラや施設の建設は高率補助でなされるが、その維持管理費は自治体の負担になり、財政が圧迫される。

二〇一〇年に辺野古新基地建設に反対する稲嶺進が名護市長に選ばれたため、米軍再編交付金が提供されなかった。稲嶺は逆格差論という名護市の自然環境の豊かさにもとづいた経済政策を進め、二〇一三年度の市歳入も前年度比で一四％増加となった。逆格差論とは一九七三年に策定された名護市総合計画・基本計画の柱になった地域発展論である。都会に比べて名護市は経済的に格差があると劣等感をもつのではなく、自然の豊かさは恵まれており、それを活用した農業、水産業発展の可能性を製造業や観光業につなげて、自立的な経済や生活を実現しようとした稲嶺名護市政が評価され、二〇一四年一月の市長選挙で再選された。選挙期間中、石破茂自由民主党幹事長が五〇〇億円の基金構想を提示してカネで名護市民を誘惑しようとした。

他方、仲井眞弘多前知事は日本政府の振興開発に幻惑され、県外移設の主張を変えた。日本政府は振興予算を例年になく増額した。二〇一四年度の沖縄振興関係予算は概算要求額より約五二億円積み増しされ、約三四六〇億円で確定した。仲井眞前知事は「驚くべき立派な内容。一四〇万県民を代表して感謝する」と喜んだ。

沖縄振興関係予算のピークは、新基地建設に反対した大田昌秀知事時代の約四七一三億円（一九九八年度）である。しかし、大田知事が海上基地建設を拒否すると日本政府と沖縄県との振興策協議は中止され、振興予算も減少した。その後、辺野古移設に賛成する稲嶺恵一が知事に選ばれると、二〇〇〇年度、二〇〇一年度とも約三四八〇億円台に回復した。稲嶺県政が日本政府とのあいだで埋め立て工法をめぐり対立し建設工事が中断すると振興費は再び削減された。民主党政権も辺野古移設を進めるために二〇一二年度に一括交付金制度を導入し、振興予算を三〇〇〇億円台に回復させた。

そして、辺野古埋め立てを承認した仲井眞前知事が知事選で再選されるように、日本政府は二〇一五年度の振興予算の概算要求額を三七九四億円とし、八年間「毎年三〇〇〇億円台を確保する」と約束した。しかし、翁長知事が誕生すると、安倍首相の「約束」は反古にされ、二〇一五年度の振興費は前年度比四・六％減の総額約三三四〇億円となった。振興費の減額は五年ぶりである。一方、防衛予算のうち、普天間基地の辺野古移設経費は二〇一四年の約七四〇億円から大幅に増えて約一七三六億円となった。日本政府が「アメとムチ」の政策で、基地を琉球に押しつけてきたことが分かる。

（5）補助金や基地経済がなくても大丈夫か

反基地運動の激化、日米の安全保障政策などで振興資金は増減したのであり、安定的に提供される資金ではない。振興予算累積の九割は公共事業であるが、その約半分は日本の大手建設会社が受注している。米軍基地内の建設工事には一〇〇億円の保証金を準備できる会社しか参入できない。琉球には中小零細企業が多く、このような大金を用意できず、日本の大手建設会社が基地内の建設工事も受注している。経済活動が琉球で行われても、収益は本社がある日本に還流している。

そもそも琉球は日本政府から多大な資金が投じられているわけではない。二〇一四年度決算ベース（都道府県・市町村分合計額、岩手県、宮城県、福島県を除く順位）において、国庫支出金は約三八五八億円で全国一〇位、地方交付税は三五七四億円で全国一四位である。また二〇一三年度の県民経済計算でみる一人当たりの公的支出額は、全国一六位である。(9)

内閣府沖縄担当部局の沖縄予算は、沖縄県と市町村への国庫支出金と国直轄事業費をまとめたものである。その使途を国が決める「ひも付き補助」でしかない。金額の多寡が問題ではなく、カネを琉球の発展のために管理し、地域内で循環させる経済主権の獲得が経済自立には不可欠である。

振興予算のなかには本来国がすべき事業も含まれ、かさ上げされている。沖縄島の恩納村《おんなそん》にある沖縄科学技術大学院大学はノーベル賞を受賞できる研究者を養成することを目的としている。本来なら文部科学省の予算で設立され、運営されるべきであるが、「沖縄の振興」とリンクさせられ、その関連予算は振興予算から投じられている。

振興予算は日本政府のさじ加減で増減し、基地の固定化が条件づけられている。琉球の人や企業を主体にした経済政策でなく、「主体なき開発」である。どれほどカネが投じられても、利益が外に流れ続ける植民地経済が強まるだけである。このような植民地経済を抜本的に変えるためにも独立が必要である。

現在、県内総所得のうち軍関係受取（基地経済）は五％程度でしかない。軍関係受取の内容は、基地への財やサービスの提供、軍雇用者所得、軍用地代、軍人や軍属やその家族の消費などである。琉球独立後、米軍基地が消滅しても琉球経済は大きく揺らぐことはない。軍雇用者数は約九〇〇〇人であるが、琉球全体の就業者数約六四万人（二〇一三年）の一部でしかなく、他業種への転職が可能な数である。

これまで返還された米軍基地跡地の経済効果をみると、独立後、全基地がなくなった方が琉球の経済が発展することは明らかである。なぜなら、基地は島の平地を占拠しており、平地は経済活動をするうえで不可欠な要素だからである。米軍基地の跡地である、那覇新都心地区（おもろまち）の那覇市の小禄金城《おろくかなぐすく》、北谷町《ちゃたんちょう》の美浜、読谷村等において、数十倍以上の雇用効果、税収効果、経済効果が生まれた。

琉球の主要産業である観光業は、島が平和でないと成り立たない「平和産業」であるといわれている。米軍がどこかの国と戦争をし、テロリズムの対象になれば、琉球の観光業は大きな打撃を受ける。実際、９・11米国同時多発テロの時や、尖閣諸島を巡る日本と中国との緊張関係が高まった際には、琉球への観光客が激減した。アジア諸国との経済連携を推進するためにも、米軍基地は不要であり、経済的にも非合理的な存在である。

（6）独立後の経済自立策

「復帰」後、総額約一一兆円の振興予算が注がれたが、「開発の目玉」とされた金融特区、IT特区、自由貿易地区等はほとんど失敗した。経済自立せず、失業率も高く、所得も少なく、県内・外格差も大きいままである。二〇一二年から始まった一括交付金は自由に使えるはずであったが、実際はその使途に関して日本政府が決定権を握っている。二〇一五年から開始された、名護市の辺野古区、豊原区、久志《くし》区に対する再編関連特別地域支援事業補助金を含め、さまざまな経済振興は基地を押しつける手段と化している。

独立後の経済自立策として次の諸点を提案したい。琉球が独自な政府や議会を設立し、課税権を行使して琉球で経済活動をする日本企業に対して適正な税を課す。日本企業の誘致を目的とする振興開発ではなく、琉球企業の育成・保護を柱にした琉球人、琉球企業のための経済政策を策定する。そして発展計画の策定・実施・事業の優先順位の決定権を琉球側がもつ。

関税、通貨、予算に対する主権を回復し、琉球人の雇用を増やし、琉球企業の発展を推し進める。琉球内で琉球人のための琉球人による生産・販売に重点をおく企業の設立や進出を促す。琉球独自の労働法・環境法・税のルールの遵守が日本企業を含む外資には求められる。琉球は市場のルールを定め、金融政策、財政政策、為替政策、税制等の政策を策定する。琉球で経済活動をする外資に対する課税収入により、植民地経済の抜け穴を塞ぎ、基地跡地を発展させ、資金を琉球内で循環させせれば自立経済を実現できる。

沖縄県は二〇一四年に国税（所得税、法人税、消費税及び地方消費税、揮発油税及び地方揮発油税等）として約三一七一億円の税金を日本政府に払った。[10]二〇一三年の沖縄県、市町村の地方税入はそれぞれ約一〇四五億円、約一五一三億円であった。[11]独立後、約五七二九億円の資金は琉球独自財源となり、その使途は自由であり、有効な経済政策を打ち出せる。

独立して米軍や自衛隊の基地を全て撤去し、基地の存在による逸失利益を取り戻す。既に返還された米軍基地跡地では税収、雇用とも飛躍的に伸びている。基地は県面積の一割を占め、交通の要所に陣取っている。失われた経済効果の方が遥かに大きいのである。

琉球にはさまざまな島々があり、各島に対して画一的な経済政策を実施すべきではない。都市型の経済が必要な島もあれば、地産地消が可能な島もある。西表島には豊かな自然があり、与那国は台湾に近い等、島それぞれが個性を持っている。不適切な開発が赤土流出をもたらし珊瑚礁を破壊したという、日本政府の政策失敗から琉球は教訓を得ることができる。島の個性に応じた多様な経済政策を実施する。経済成長だけを発展の指標にするのではなく、カネでは測れない、豊かな自然、人間関係の強さ、他者への思いやり等の「本当の豊かさ」を守り育てる琉球らしい生活の様式（経済）をつくる。

「本土並み」を唱えてきた琉球は、年金制度を初めとする日本のこれまでの社会制度をモデルにしてきた。しかし、日本国の借金は世界的にみても異常にふくらみ、少子高齢化が進むなかで、経済成長にも陰りがみえ、社会制度の抜本的な再設計が迫られている。「本土並み」になれば安泰であるという時代はすぎた。琉球人自らの頭や力で法制度を考え、実施していかなくてはならない。

(7) 東アジアの中の琉球経済

かつて琉球国の貿易相手国であったアジアの国々では民主化や経済発展が著しく進んだが、琉球には基地が押しつけられ、日本に従属した「奴隷的境涯」におかれたままである。琉球は約六〇〇年、東アジア、東南アジアのなかで独立国家として存在した。琉球人の世界的ネットワーク、琉球人の政治・経済能力の向上、経済のグローバル化やIT化、アジア経済の発展等を考えれば、独立後の方が経済自立の可能性が高まるだろう。

非武装国家のリヒテンシュタイン公国の人口は約三万人である。スイスと関税同盟を締結し、通貨はスイスフランを利用している。琉球も隣国と関税同盟を結び、他国の通貨を利用することもできる。モナコやリヒテンシュタインは、約五万人がそれぞれ住んでいる宮古島や石垣島よりも人口が少ないのである。

独立すれば、独自な税制を導入し、通貨や国債を発行できる。デフレやインフレから国を守り、景気を促すために通貨の流通を調節する金融政策を、連邦政府と中央銀行が協力しながら実施する。

将来はアジア共通通貨の創設を琉球がイニシアチブをとって進める。ＥＵのユーロに匹敵するアジア共通通貨が流通すれば、琉球はアジアにおけるブリュッセルのような役割を果たすことができる。関税や輸入数量制限の撤廃を行い、アジア内での貿易、投資、生産、消費を増大させる。また、琉球は国連アジア本部や世界的なＮＧＯ本部を誘致して平和や人権のセンターになり、アジアのジュネーブを目指す。

革新的な経済政策を実行し、世界の経済変動にもすばやく柔軟に対応する。琉球は世界経済第二位、第三位の国に隣接しており、韓国、台湾、東南アジア諸国のように経済発展が著しい地域とも近く、これらとの経済的ネットワークを拡げ、深めることも可能になる。

琉球はアジア諸都市へのアクセスもよく、さまざまな言葉を話せるバイリンガルの人も多く、アジア経済のセンターになる潜在力がある。観光業、金融業、物流業、情報通信業などを中心とした企業に対する支援策を実施して、琉球を、かつての琉球国のような中継貿易地にする。

琉球がアジアの経済的なセンターになれば、アジア各地の優れた技術や人材そして資金を集めて、世界が注目する新たな商品やサービスを開発、輸出できるようになるだろう。ＩＴ、バイオ、研究開発、金融、健康食品製造、医療ツーリズム等の多様な観光業、アジア諸国を迅速につなぐ物流業等、琉球が発展する分野は数多く存在する。

琉球は小国としての独立を恐れてはならない。世界中で豊かな国の大半は小国である。面積が広く、人口が多い大国の大半が貧しいか、アメリカや中国のように国内格差が大きいという問題を抱えている。企業のなかでもベンチャー企業が革新的な技術や手法をもとにして発展し、世界経済を牽引している。国でも企業でも小規模の方が小回りがきき、国民全体に目が行き届き、国内外の変化に臨機応変に対応できる強みがある。

琉球は島嶼であり、海洋以外には資源がほとんど存在しないが、それを嘆く必要はない。琉球は、小国が重視する教育政策に最重点をおくべきだろう。琉球では出生率が高く、若者の数が多いというメリットがある。それとともに世界中から有能な人々を呼び込み、観光、医療、福祉、情報通信等、世界最先端のサービスや技術の拠点として世界にアピールできよう。

経済自立化のためには、琉球の行政・地元企業・自治組織間の協働関係を強化することが前提となる。琉球内で産物とカネを循環させ、環境を守りながら地域資源を有効に活用し、産業連関度を増大させ、アジア経済との連結を深める。地域社会の担い手が主体になって内発的に発展を展開していく地道な歩みが、琉球の経済的独立につながるのである。

注

（1）沖縄振興開発金融公庫編『沖縄経済ハンドブック二〇一五年度版』沖縄振興開発金融公庫、二〇一五年、一五頁
（2）同上書、八二頁
（3）同上書、一一頁
（4）同上書、一四頁
（5）同上書、一二～一三頁
（6）沖縄県企画部編『経済情勢——平成二七年度版』沖縄県企画部、二〇一六年、五一頁
（7）同上書、五〇頁
（8）同上書、二一頁
（9）沖縄県「沖縄県と他府県の国からの財政移転の比較」沖縄県HP:http://www.pref. okinawa.jp/site/kikaku/chosei/kikaku/documents/q8zaiseiitennohikaku.pdf：二〇一六年二月三〇日確認）
（10）沖縄国税事務所「管内国税の概況」（沖縄国税事務所HP：https://www.nta.go.jp /okinawa/kohyo/tokei/h26/pdf/1-3.pdf:二〇一六年三月三〇日確認）
（11）沖縄県企画部前掲書、二三～二四頁

沖縄から日本と東アジアの人権・平和を問う
――戦争とファシズムの時代状況にどう向き合うべきか

木村　朗

はじめに

二〇一二年一二月に再び登場した安倍政権の暴走は、原発の再稼働・輸出、武器輸出の解禁、秘密保護法の制定、集団的自衛権行使を可能とする安保法制の整備、東京オリンピック招致と共謀罪新設の試みなど止まることを知らないほどである。とりわけ、沖縄の人権と民意をまったく無視した辺野古・高江での基地建設の強行は、本土による露骨な沖縄差別、市民運動の弾圧であり、日本がもはや法治国家・民主主義国家ではなくなっていることを示している。まさにそのことを証明しているのが、沖縄での辺野古新基地及び高江へリパッド建設反対運動の先頭に立ってきた山城博治・沖縄平和運動センター議長の不当な逮捕と長期拘束であり、本土（大阪）から派遣された機動隊員による「土人」「シナ人」発言であるといえよう。

戦後の日本は一貫して米国の事実上の占領下にあり、米国の従属国であることを自発的に受け入れ続けてきた。すなわち日米安保体制の本質は、米国による日本占領と日本による自発的従属である。その意味で、日本という国は、真の独立国家・主権国家になったためしは戦後一度もなかったといえる（私と孫崎享氏との共編著『終わらない〈占領〉：対米自立と日米安保見直しを提言する！』法律文化社、を参照）。

また米国では、世界的な規模で米軍の位置づけと同盟国の役割を根本的に見直すと宣言しているトランプ新大統領が登場した。そして、このトランプ新大統領によって、第二次大戦後一貫して続いてきた「パックス・アメリカーナ」がどのような形で終焉を迎えるのかが注目されている（拙稿「トランプ新大統領と世界秩序の大転換――変貌する〝テロとの戦い〟」雑誌『ピープルズ・プラン』第七五号、「特集：オバマからトランプへ――変化するアメリカを掴む」に掲載、を参照）。

このような日本内外の揺れ動く情勢のなかで、東アジア地域において日本と沖縄はどのような位置・役割をはたすべきなのかを考えてみたい。

（1）民主主義からファシズムに移行する日本社会

戦後最大の転換期にある日本――「第二の逆コース」の加速化

いまの日本社会は、民主主義からファシズムへの移行、平和国家から戦争国家への転換という大きな岐路・過渡期にあるといっても過言ではない。冷戦終結後、グローバリゼーションが席巻するなかで、アメリカ流のむき出しの純粋資本主義、いわゆる弱肉強食の金融資本主義、強欲（賭博）資本主義が世界化する。これとイデオロギー的には新自由主義と新保守主義（新国家主義）といわれるものを両輪として、日本でも規制緩和や構造改革の波が押し寄せることになった。この流れが、二〇〇一年の9・11事件、あるいは二〇一一年の3・11およびフクシマ（東日本大震災と福島第一原発事故）以後、急加速している。いまの時代状況は、一九二九年の世界大恐慌後の一九三〇年代の世界、ナチス・ドイツが登場した前後と類似している。あるいは、第二次世界大戦後の、朝鮮戦争が始まる前後から本格化する冷戦のなかで、アメリカではマッカーシズム、日本では、アカ狩り旋風が吹き荒れた時代状況と重なる。

当時の日本は、冷戦の最前線ではないものの、一九四七年前後から「逆コース」といわれる平和・民主主義と逆行する流れになった。その後、冷戦終結を契機に多少の揺り戻しがあった。一九九三年の非自民党政権・細川政権の成立がそれであった。その後、九〇年代半ばぐらいまでは、冷戦終結の恩恵を受けての揺り戻しが続いたが、それ以降は「第二の逆コース」に入っていく。その「第二の逆コース」に対するカウンターとして、もう一つの大きな揺り戻しがあったのが、二〇〇九年夏の政権交代と鳩山民主党連立政権（以下、鳩山政権）の登場だった。その鳩山政権は、普天間飛行場の移設問題で「できれば国外移設、最低でも県外移設」を掲げたものの、既得権益層（政界・官界・財界・報道界・学界）とアメリカからの総反撃を受けた結果、辺野古V字案に回帰する形で挫折・崩壊することとなった。その後の菅・野田両政権は、アメリカへの従属を深めて官僚のいいなりとなり、「第二自民党」政権に成り下がっていく（鳩山友紀夫・白井聡・木村朗『誰がこの国を動かしているのか』詩想社、および進藤榮一、木村朗共編『沖縄自立と東アジア共同体』花伝社、などを参照）。

沖縄が強いられている理不尽な状況——「構造的沖縄差別」から「自己決定権」へ

菅・野田両政権を経て再び登場した第二次安倍政権登場以降、沖縄では二〇一二〜一三年のオスプレイの強行配備、そして辺野古への新基地建設強行などの事態を受けて「構造的沖縄差別」という言葉が定着した。そして、沖縄のアイデンティティー、沖縄の自己決定権、あるいは沖縄（琉球）の独立という主張・選択肢が静かながらも確かな底流として生まれている（沖縄で「琉球民族独立総合研究学会」を立ち上げた中心メンバーである龍谷大学の松島泰勝さんの『実現可能な五つの方法　琉球独立宣言』講談社文庫、および琉球新報社の若きエース記者で第一五回〈二〇一五年度〉石橋湛山記念早稲田ジャーナリズム大賞を受賞した新垣毅さんの『沖縄の自己決定権——その歴史的根拠と近未来の展望』高文研、などを参照）。

沖縄県の翁長雄志知事が、二〇一五年九月二一日にスイス・ジュネーブで開かれた国連人権委員会で、「沖縄の人々は、自己決定権や人権をないがしろにされている」「米軍基地の集中は人権侵害」と表明した。また、この間の安倍政権による辺野古新基地建設強行を「強権こに極まれり」と糾弾してもいる。その翁長知事は、那覇市長時代の二〇一三年一月に、オール沖縄の代表団団長としてオスプレイ強行配備への反対や日米地位協定改定などを要求する「建白書」を携えて上京した際に、「お前たちは日本人じゃない!」、「日本から出て行け!」「非国民!」「売国奴!」「裏切者!」「ゴキブリ!」「スパイ!」といったヘイトスピーチ、侮蔑的な言葉が自分たちに容赦なく浴びせられた経験がある。

その時の屈辱を翁長さんだけでなく沖縄の人々は決して忘れていない。また二〇一三年一一月二五日、その辺野古問題で県外移設を公約して当選した自民党選出の五人の国会議員が、自民党本部の圧力で壇上に並べさせられて、当時の石破茂幹事長に辺野古移設を容認する選択を強制されてうなだれている姿を目撃した沖縄の方々は、この時も沖縄差別に対する深い憤りを覚えたといわれる。そして、安倍政権が、沖縄が日本から切り離された、沖縄にとっては「屈辱の日」とされている四月二八日を「主権回復の日」として二〇一三年に祝ったということにも沖縄の人々は当然ながら強く反発した。このような沖縄のおかれている深刻な状況を本土の大手メディアはほとんど伝えず、そのためもあって本土の多くの人びとは沖縄の問題に無関心で実情を知らぬままである。これはまさに沖縄に対する根本的な認識の誤りと理解不足をあらわしており、「内なる（無意識の）植民地主義」が政府、与党だけでなく、本土の私たち一般市民のなかにも深く根づいていることを物語っている。

ここでその歴史的背景と起源を考えるために、戦後日本と日米関係のあり方を方向づけた米軍による占領と日本の「独立（主権回復）」の原点を少し振り返ってみよう。

（2）戦後日本の歩みと失われた「もう一つの選択」

日本が米国の占領から「独立（主権回復）」を実現して国際社会に復帰したのは、いまから六五年前の一九五二年四月二八日のことである。そのときに日本は、その前年の九月八日に対日講和条約と同時に結んだ日米安保条約によって、米国の軍事力に基本的に自国の安全保障をゆだねて、その代わりに戦後復興と経済発展に専念する道を選択した。その後の日本は、この吉田路線の選択によって、短期間に敗戦の痛手から立ち直ったばかりでなく、「東洋の奇跡」ともいわれた高度経済成長を達成して世界有数の「経済大国」になるに至った。東西ドイツや南北朝鮮のような分断国家の悲哀を受けることもなかった。この意味で、戦後日本の歩みを「幸運」に感じ、「寛大な占領（講和）」を行った米国に、多くの国民（特に保守的指導層）が素朴に感謝の意を表してきたことも理解できないことではない。

しかし、これとは異なる別の見方がもう一方にある。それは、対日講和条約で失われた「もう一つの選択」を重視し、サンフランシスコ体制の影の部分にも目を向ける見方である。当時の日本は、冷戦開始を背景にした米国による占領政策の転換を受けて、戦犯追放の解除や財閥解体の中止など「逆コース」へと旋回・軌道修正されつつあった。講和条約締結の問題が浮上した背景には、日本の再軍備（すでに、朝鮮戦争勃発直後の米軍指令により五〇年七月には警察予備隊が創設されていた）を促進するとともに、日本の早期独立と引き替えに、新たな同盟条約を締結して米軍駐留と基地の自由使用の権利を認めさせようとする米国の強い意思があった。つまり米国は、冷戦という世界的規模での東西両陣営の対立が激化するなかで、日本を西側に取り込んで「東アジアにおける反共の砦」にするという明確な戦略的利益にもとづいて、サンフランシスコ講和条約による「独立（主権回復）」とワンセットにした形での日米安保条約の締結を押しつけたわけである。

これに対して当時の吉田政権は、全面講和を求める多くの国民の声を無視して、米国を盟主とする西側の一員となるという選択を、片面講和と日米安保条約の同時調印という形で受け入れたのであった。このときの選択によって、日本は、日本国憲法の平和主義の精神にもとづく「軍隊のない国家」「軍事同盟を結ばない国家」として、戦後国際社会において自主的な平和外交を積極的に展開して世界の非武装化の先駆的な役割をはたすという「もう一つの選択」を失ったのである。今日における日本の根本問題である「対米従属」「アメリカ化」の原点がここにあるといえよう。

(3) 沖縄への犠牲・差別とアジアの忘却——吉田路線の負の遺産

当時の吉田茂首相がサンフランシスコ・二条約(講和条約と日米安保条約)を締結することによって、日本は一九五二年四月二八日に「独立」を回復して国際社会に復帰すると同時に、米国の軍事力に基本的に自国の安全保障をゆだね、その代わりに戦後復興と経済発展に専念する道を選択した。しかし、その代償は大きなものであった。

吉田路線の負の遺産は、一、対米従属という自主性の喪失、二、沖縄への犠牲・差別とアジアの忘却、三、法治主義の腐食・揺らぎ、という三つの点に集約される。

まず第一番目の負の遺産は、片面講和と日米安保条約の同時調印によって、日本が米国の世界戦略のなかに深く組み込まれることになったことである。それは、冷戦状況下で米国を盟主とする(西側)自由主義陣営の一員となり、ソ連を盟主とする(東側)社会主義陣営に対決していくことを意味した。すなわち、「東洋のスイス」から「アジアにおける反共の砦」としての日本への転換であり、「独立(主権回復)」と引き替えの「対米従属」、すなわち「自立性の喪失」であった。その象徴が、占領軍からそのまま駐留軍となった特権的な米軍の存在であり、また朝鮮戦争の最中に米国の強い圧力によって生まれた経緯を持ち、「憲法違反の存在」でありながら米軍の一貫した監視下で戦力増強を義務づけられた自衛隊であった。また、占領中の対米追随路線が独立後もまったく変わらず継続されたのは、吉田茂首相がサンフランシスコ講和条約・日米安保条約締結以降もそのまま首相を続けたことも大きな要因であった（孫崎享著『戦後史の正体』創元社、を参照）。それは、日本外交の不在、あるいは戦略的思考の停止と経済面での過度の対米依存、米軍の補完勢力としてアジア有数の軍事力・戦力を持つにいたった自衛隊といった形で現在でも続いている。

第二番目の負の遺産である沖縄への犠牲・差別とアジアの忘却は、戦争責任および戦後責任の放棄という問題と密接な関係がある。日本は、冷戦開始を契機とする米国の政策転換によって、戦前の最高指導者であった昭和天皇をはじめ、岸信介元首相など一部のA級戦犯容疑者が免責されたばかりでなく、講和会議に臨んだ米国の強い意思で当然行うべきであった賠償責任さえもほとんど負わずにすむという「幸運」に恵まれた。こうした「幸運」には、東京裁判で、米軍が行った原爆投下や東京大空襲などとともに、日本軍が行った細菌戦・人体実験や強制連行・従軍慰安婦（＝戦時性奴隷）などの重大な戦争犯罪が断罪されなかったことや、朝鮮戦争やヴェトナム戦争で日本が「享受」した特需景気等も加えられよう。

この結果、戦後の日本は過去の清算、すなわち侵略戦争や植民地支配への真摯な反省・謝罪と、日本人の手による戦犯の追及・処罰、被害国・被害者に対する国家および個人レベルでの適切な賠償・補償という最も大切なけじめをつけなかったことが、今日にいたるまで重大な禍根を残すことになったのである。

今日でもアジアの多くの民衆から不信と警戒の目でみられ、国内ではそれに反発する形で戦前回帰の動きが急速に強まっている根本原因も、東京裁判での昭和天皇の免責と新憲法における象徴天皇制の導入、日本および日本人自身による戦犯処罰や戦後処理・過去清算の欠如、という形で「戦前との連続」を色濃くのこすことになった戦後日本の出発点のあり方にあることは明白であろう。

また沖縄は、講和条約によって日本が独立した後も米軍の過酷な占領下におかれ続けたばかりでなく、一九七二年の本土復帰後も「米国と日本本土による二重の占領・植民地支配」が形を変えて継続することになった。一九九五年の米兵による沖縄少女暴行事件や、二〇〇四年八月一三日の沖縄国際大学への米軍ヘリ墜落事件等に見られるように、在日米軍基地の過度の集中という過酷な現実に苦しむ沖縄（琉球）の人々の声に真摯に耳を傾けようとしない日本政府（および米国政府）と、日本本土の人々の冷淡さ・差別の原点がここにあるという冷厳な歴史的事実を今こそ直視しなければならない（新崎盛暉著『新崎盛暉が説く構造的沖縄差別』高文研、を参照）。

最後に、三番目の負の遺産として挙げなければならないのは、法治主義の腐食・揺らぎである。敗戦後の日本は、米軍による事実上の単独占領下に置かれ、非軍事化と民主化を掲げるGHQニューディール派の官僚主導で戦後復興の道を歩んだ。その過程で導入されたのが、一九四六年一一月三日に公布され翌年五月三日に施行された日本国憲法であった。この戦争放棄と交戦権否定の九条を含む日本国憲法が制定された背景には、昭和天皇の免責と沖縄の分離支配を国益とみなす占領軍・米国側と、日本側（昭和天皇を中心とする支配層）の「暗黙の一致」があった。

そして、戦前天皇中心の軍国主義体制の呪縛下にあった当時の国民のある層（特に保守的支配層）にとって、この新しい憲法が「占領軍による押しつけ」であると感じられたことは事実であろう。しかし、その一方で多くの国民がそれを積極的に支持・歓迎したのは、軍隊が戦時・戦場で国民にとっていかに危険な存在となるか、また国家が行う軍国主義教育や大本営発表という形での情報操作による洗脳が、いかに恐ろしいものであるかを思い知らされた戦争体験が原点にあったからである。この平和憲法は、占領下で生じた朝鮮戦争の最中にマッカーサー指令によって創設された警察予備隊（その後、保安隊から自衛隊へ）と、対日講和条約と引き替えに結ばされた日米安保条約によって、その平和主義の中核部分と法治主義の根幹が脅かされることになった。武装抵抗の権利という意味での自衛権を自ら放棄した平和憲法と、明白な軍事力・戦力を備えた武装組織である自衛隊、あるいは世界最強の軍隊である米軍の駐留と日米共同軍事行動を可能とする安保条約は、本来両立不可能なはずである（例えば、一九五九年の砂川事件での「伊達判決」とその後の米国の圧力を見よ！）。

しかし、歴代の日本政府は、再軍備と軍事同盟締結が実は米国から押しつけられたものであるという事実を隠蔽する一方で、自衛隊と安保条約の存在を既成事実として国民に受容させることに力を入れてきた。その結果、国の最高法規である憲法よりも安保条約や自衛隊法などを優先させる「法の下克上」（前田哲男氏の言葉）という異常な状態が生み出され、戦後長らく今日まで続いたことで、民主主義の基本原理である法治主義・遵法精神が根底から蝕まれてきたのである。また、日本を実質的に支配しているのが米軍（横田基地にある在日米軍司令部）、すなわち日米合同員会であるという、これまで隠されてきた真実も徐々に明らかになってきている（吉田敏浩著『「日米合同委員会」の研究――謎の権力構造の正体に迫る』および同著『検証・法治国家崩壊』戦後再発見双書、創元社、などを参照）。

このような観点に立てば、これまでの既成事実の先行と解釈改憲による追認という悪循環から脱却する道を明文改憲に求めようとする現在の日本の動きが、いかに本末転倒であるかは明白である。また、どうしていまでも独立した主権国家とは呼べないような米国の「属国」という地位に留まり続けているのか、あるいは国の最高法規である平和憲法が主権者である国民の意思よりも、米国への配慮を優先することで蹂躙され続けているかの理由も見いだせるであろう（ガバン・マコーマック著『属国――米国の抱擁とアジアでの孤立』凱風社、を参照）。

（4）沖縄の米軍基地問題とオスプレイ強行配備が意味するもの

沖縄問題は日本問題であると同時に米国問題であり、米軍基地問題の根本的解決は日米安保条約の解消しかあり得ないというのが私の基本的立場である。また、沖縄の基地問題は、軍事・

安全保障問題である以上にまず人権・民主主義の問題である、ということも指摘しておかなければならない。

こうした観点からすれば、市街地のど真ん中にある普天間基地は、二〇〇四年の沖縄国際大学への米軍ヘリ墜落事件や、一九九五年の沖縄少女暴行事件「以前」にも即時無条件返還が実現されてしかるべきはずのものである。しかし実際には、普天間基地撤去は「新基地建設」の条件付きで、米軍ヘリ墜落後二週間も経たないうちに訓練が再開されている。また、辺野古への新基地建設は住民の体を張った抵抗によって今日にいたるまで完全に阻止される一方で、老朽化した普天間基地はその危険性を除去することなくそのまま固定化されようとしているのが現状である。

沖縄は、太平洋戦争中に日本で行われた「唯一の地上戦」である沖縄戦で日本本土防衛のための「捨て石」とされ、戦後は日本本土と切り離されるかたちで「米国の軍事植民地」となり、本土復帰後もアジア太平洋地域の平和と安全のための要石（キーストーン）とされて、日本全国の米軍専用施設の七四％が集中するという過重な負担を強いられ続けてきた。

そして、度重なる米軍・米兵の事故・犯罪、過酷な基地騒音被害、日本本土との経済格差の拡大など、まさにそのことこそが「構造的沖縄差別」（新崎盛暉氏の言葉）、すなわち「沖縄は米国と日本本土による二重の植民地」（日本は米国の事実上の「属国」、そして沖縄は米国の軍事植民地でかつ日本本土の「国内植民地」）であることの証明である。これまで控えていた「県外移転」を翁長雄志知事や多くの沖縄の人びとが憚《はばか》らずに声を出し始めたのは、そのような隷属状況をこれ以上黙って受け入れ続けることを断固拒否するという沖縄県民の一致した意思であることは間違いない。

そうした沖縄の民意を踏みにじる形で日米両政府が行った二〇一二年から翌一三年にかけて「未亡人製造機」とも揶揄される欠陥機オスプレイ二四機の「世界一危険な米軍基地」といわれる沖縄・普天間基地への強行配備という蛮行は、あまりにも理不尽かつ不条理な仕打ちであるといわねばならない。

オスプレイは、昨年（二〇一六年）一二月一三日に沖縄県沖で「墜落」事故（日本政府と本土メディアは「不時着」事故と公表・報道した⁉）を起こすと同時に、同日、普天間飛行場に別のオスプレイの機体が胴体着陸を行っている。そして、このような相次ぐ事故が起きたにもかかわらず、沖縄県民からの抗議の声を無視して、米軍は何事もなかったかのように早期の訓練（事故の原因となった危険な空中給油訓練を含む）再開に踏み切り、日本政府はそれを容認している有様である（今年一月二八日にも、中東のイエメンで米軍がイスラム過激派を攻撃中に、米海兵隊のオスプレイ一機が墜落し、三人の負傷者が出す事故が起きた！）。

（5）沖縄の怒れる民意に本土はどう応えるのか

米軍属女性暴行殺人事件に抗議する沖縄県民大会が昨年（二〇一六年）六月一九日に那覇市で開かれ、約六万五〇〇〇人が参加した。その会場で掲げられた「海兵隊は撤退を」「怒りは限界に達した」とのプラカードに凝縮された沖縄県民の強い思いを日米両政府、そして本土の日本人はどう受けとめたのであろうか。

県民大会では、翁長雄志知事は、「二一年前の県民大会で二度と起こさないと誓った事件を再び起こしたこと、責任を感じている。政治の仕組みを変えられず、政治家として、知事として痛恨の極みだ」と述べ、日米地位協定の抜本改定や辺野古新基地建設阻止のために「強い意志と誇り」で立ち向かう不退転の決意を表明した。大会決議に、海兵隊の撤退が初めて盛り込まれた意義は大きい。

シールズ琉球のメンバー・玉城愛さんの「あなたのことを思い、多くの県民が涙し、怒り、悲しみ、言葉にならない重くのしかかるものを抱いている」、「安倍晋三さん、日本本土にお住まいの皆さん、今回の事件の第二の加害者は誰ですか。あなたたちです」との言葉には悲劇に見舞われた女性の痛みを思いやる気持ちと深い悲しみだけでなく、沖縄を見下しているように見える本土への怒りが強く感じられた。

また、同じシールズ琉球のもう一人のメンバー・元山仁士郎さんの「日本の安全保障とは一体何なのか。一番の脅威は私たち隣人を襲う米軍、米兵の存在ではないでしょうか」「安倍さんのいう日本国憲法に謳う〝国民〟のなかに沖縄の人は入っていますか」という国家の在り方そのものを問う発言に、これまでとの〝空気の違い〟を感じて胸を打たれた。

今回の事件で、安倍内閣の一人が「タイミングが悪すぎる」と漏らしたと伝えられているが、思わず本音が出たのだろう。県民大会への自民、公明両党などの不参加は、参院選を間近に控えて基地問題の争点化を避ける思惑が透けて見えた。沖縄では小手先の争点隠しは通用しない。沖縄の怒れる民意は今後も変わることなく示されるであろう。

この問題での菅官房長官の、沖縄県民大会は「県全体ではない」との発言には沖縄の民意を無視する安倍政権の驕《おご》りがみえた。

本来、日米地位協定改定問題は、沖縄問題ではなく日本国家全体の問題であり、当然国政選挙の争点になる。また、沖縄の基地問題は、軍事・安全保障問題である以上に、人権・民主主義の問題である。一九九五年の少女暴行事件から二一年後のいまも人権侵害状況は何ら変わっていない。日本が米国の属国であり、沖縄が日米両国の植民地状態にあることを思い知らされる毎日である。翁長雄志知事の国連人権委員会(二〇一五年九月二一日、スイス・ジュネーブ)での、「沖縄の人々は、自己決定権や人権をないがしろにされている」との切実な訴えはまさにそのことを物語っている。

繰り返される米軍関係の犯罪や事故に対する沖縄県民の怒りと悲しみはとうに限界を超えている。次なる被害者を出さないためにも、この憤怒に満ちた沖縄の声に私を含む本土の日本人はいまこそ行動で応えるべきである。

(6) 沖縄での異常事態は「緊急事態条項」の先取りか

二〇一六年七月一一日の参院選で「勝利」を収めた後の安倍政権の暴走は、衆参両院で「改憲勢力」が三分の二の絶対多数を制することができた驕りなのか、常軌を逸したものとなっている。安倍首相は、参院選では争点化を避けた改憲への意向を選挙翌日に露骨に打ち出した。いま沖縄では、その改憲の目玉ともされ、大災害時などに権限を集中させる「緊急事態条項（国家緊急権）」の先取りともいえる事態が起きている。

それは、名護市辺野古の新基地建設を巡り県を訴え、東村高江の米軍北部訓練場でヘリパッド建設を強行するため県道を封鎖し、辺野古の米軍キャンプ・シュワブ内陸部での施設建設の工事再開を要請するといった、政府による一連のなりふり構わぬ異常事態のことである。

日本政府は二〇一六年七月二二日、県の米軍普天間飛行場の辺野古への移設に関し、県を相手に地方自治法にもとづく違法確認訴訟を起こした。同じ日、米軍北部訓練場のヘリパッド移設工事を再開。政府は本土から五〇〇人の機動隊員を送り込んだ。前日には、県議会は建設中止を求める意見書を賛成多数で可決していたが、政府側は力づくで道路を封鎖して住民を排除し、工事を再開した。現状確認のため現場に向かう県職員の立ち入りも認めなかった。こうした過剰な警備による基本的人権の不当な制限、侵害、基地負担軽減を求める県民に対する鎮圧、制圧、強制という手法は断じて許されるものではない。

さらに問題なのは、こうした異常事態を大手メディアがあまり報道せず、本土の多くの人々は知らないままということだ。翁長知事は七月一八日に本土の人々への問題提起としてあえて馬毛島《まげしま》（鹿児島県西之表市、米軍空母艦載機の陸上離着陸訓練〈FCLP〉の移転先）を視察したが、その真意を理解しようとする姿勢も乏しかった。

沖縄問題の本質は、日本問題にほかならない。また沖縄の基地問題は、安全保障の問題である以上に、人権、民主主義の問題である。そうした本質を理解しようとせず、日米安保体制を容認する立場からまさにひとごとのように「辺野古移設は仕方がない」とする本土の人々の歪んだ「常識」こそが、あらためて問われている。

私たちは、権力とメディアが一体化した言論統制・情報操作によって不可視化されてはいるが、沖縄でいま起きている異常事態は、まさに近未来の日本本土の姿でもあることを直視すべきである。

（7）沖縄の基地問題の行方と東アジア共同体への道

「沖縄の負担軽減」を合い言葉に米軍の部隊配備や訓練の日本本土への「たらい回し」がこれまで部分的に行われてきたが、それは米軍基地問題の根本解決につながるものではない。沖縄の辺野古・高江における身体を賭けた命懸けの抵抗運動だけでなく、県外の徳之島・馬毛島での米軍基地移設・訓練移転に対する住民の激しい反対運動が示しているように、沖縄はもちろんのこと、日本本土においても米軍基地の新設や軍事機能をこれ以上に拡充する余地はないことは明らかである。沖縄県内ばかりでなく、日本本土でも民意は米軍基地の新設や軍事機能の強化を明確に拒否している。残された選択肢は国外移転、すなわち米軍の縮小・撤退と日本本土にある自衛隊基地の日米共同使用による在沖米軍の訓練移転以外にはないと思われる。

ここで優先すべきことは、米国に代わって代替基地を探すことではなく、米国の政治学者である故チャルマーズ・ジョンソン氏も提起していたように、米国基準ではあり得ない「世界一危険な」普天間基地での訓練即時中止、基地閉鎖をあらためてはっきりと米側に突きつけることである。「米国と日本本土による二重の占領・植民地支配」下にある沖縄への過重負担を最優先に軽減し、日米地位協定や思いやり予算も見直さなくてはならない。いまこそ日本は脱植民地化の道を進めると同時に、日本人の内なる植民地主義を克服しなければならない。

このような状況において、沖縄の基地問題は、日米安保体制の存続を含む日米関係そのものを根底から揺るがすほどのきわめて大きな問題・火種となる可能性を秘めている。なぜなら、これ以上の沖縄への構造的差別を日米両政府が押しつけ、そうした理不尽を日本本土の人々が黙認し続けることはあってはならない。もしそうした構造的差別を解消できないならば、沖縄から、米海兵隊の全面撤退だけでなく、すべての米軍基地撤去の要求、それを実現するための最後の選択肢としての沖縄の独立も現実問題として浮上してくることは間違いないと思うからである。

それと同時に、沖縄のみでなく、日本全国の主要な空域が日本の主権が及ばない米軍優先の事実上の専用空域となっているという事実が、徐々に多くの国民の共通認識として浸透しつつある（前泊博盛『本当は憲法より大切な「日米地位協定入門」』創元社、を参照）。その意味で、沖縄基地問題は、日本が一層の主権放棄・隷属状態を強めるか、あるいは主体性と自立性を回復して真の意味での「独立国家」へ向かうことができるかの試金石となっているといえよう。

換言すれば、米国の衰退と中国の台頭という二一世紀初頭の新しい国際情勢のなかで、日本はいま将来のあり方・方向性を決める重大な岐路に直面しており、いまこそ日本が自立と連帯、すなわち際限のない対米従属からの脱却と東アジア諸国との共生関係の創造、あるいは日米安保条約の解消と東アジア共同体の構築を目指さなければならない。また沖縄をこれまでの「軍事の要石」から「平和の要石」へと転換し、東アジア共同体の構築を進めるなかで東アジア地域の統合と連帯の拠点とすることが喫緊の課題として浮上している。

その意味で、世界の警察官をやめて世界中の米軍基地を縮小・撤退することを唱えるトランプ新大統領の登場は、日米関係の根本的転換、すなわち日本と沖縄が過剰な米国依存から脱して自立する大きなチャンスとなる可能性がある。もちろん、そのチャンスを生かすことができるか否かはあくまでも日本自体の問題である。私たち本土と沖縄の市民が日米両政府にどれだけ責任ある対応を取るように迫ることができるかにかかっていることはいうまでもない。

トランプ新大統領登場後の東アジアの軍事・安全保障環境がどうなるかは、中国との緊張関係の高まりなどが見られるものの依然として不透明な部分が多い。そうしたなかで、国境を越えた市民にとって真の意味での安全・平和をもたらす軍事力によらない平和の実現を最後まであきらめずに長期的に求め続けていくことが私たちの最大の課題となっている。

第三部　シンポジウムの記録

「東アジア共同体と沖縄の未来」

はじめに

東アジア共同体・沖縄（琉球）研究会は、昨年（二〇一六年）九月一一日、沖縄の琉球大学で設立されました。沖縄を起点に日本本土と東アジア諸国（中国、韓国、台湾、ＡＳＥＡＮ諸国など）を結ぶ情報研究ネットワークの構築を目指しており、研究者・ジャーナリスト・一般市民など幅広い層の人々が参加しているのが特徴です。本書の共同執筆者である鳩山友紀夫・大田昌秀両先生は本研究会の名誉顧問、松島泰勝先生は共同副代表（もう一人は、東京造形大学の前田朗先生）、私・木村朗は共同代表（もう一人は、琉球大学の高良鉄美先生）です。

ここでは、本研究会の設立宣言（二〇一六年九月一一日）と沖縄基地問題をめぐる抗議声明（二〇一七年三月二五日）、本研究会の創設記念を兼ねた第一回公開シンポジウム（二〇一六年九月一一日、琉球大学）および第二回公開シンポジウム（二〇一六年一〇月五日、神奈川大学）の記録を掲載させていただいています。なお、本研究会のＨＰ（ブログ）のＵＲＬは、http://east-asian-community-okinawa.hatenablog.com/ です。東アジア地域の平和と共存、沖縄の米軍基地や自己決定権をめぐる問題に少しでも関心を持っておられる方々の入会をお待ちしています。

東アジア共同体・沖縄（琉球）研究会共同代表　**木村　朗**

東アジア共同体・沖縄（琉球）研究会　設立宣言

【設立の趣旨】

二〇〇九年夏の政権交代で登場した鳩山民主党政権は、新たな東アジアの経済秩序と平和・協調の枠組み作りに資する構想として「東アジア共同体の構築」（アジア重視）を、「対等な日米関係の樹立」と並んで五つの外交課題の一つに掲げ、日中韓三極協力事務局設立からアジア総合開発計画など、一連の構想具体化を推し進めた。また普天間飛行場移設問題で、沖縄の民意を尊重して「できれば国外移転、最低でも県外移転」を掲げ、その実現に向けて努力したものの、結局は日本内外の壁・圧力に屈するかたちで挫折し、自民党政権時代の辺野古案に回帰する結果となった。この普天間飛行場移設問題の迷走とわずか九か月での鳩山民主党政権退陣の背後には、既存の権益層（政・官・業・学・報）による策動だけでなく、東アジア共同体構想やそれと連動した「常時駐留なき安保（有事駐留）」論に強く反発する米国の影が見え隠れしている。

この鳩山民主党政権退陣の頃から、「構造的沖縄差別」という声とともに沖縄の自立と自己決定権を求める動きが大きくなり、「オール沖縄」「イデオロギーよりもアイデンティティ」を掲げる翁長雄志知事の誕生となった。その翁長県政は、沖縄の民意を無視して辺野古新基地や高江へリパッドの建設を強行する安倍政権の暴政に真っ向から対峙して今日にいたっている。

東アジア共同体構想は、アジアにおいてEU型の地域統合が起きることを前提としていると同時に、現行の日米安保体制の縮小・廃棄といった将来的展望を含むものである。それは当然「自発的従属」を本質とする現在の非対称的かつ主従的な日米関係の根本的見直しにもつながるものである。

今日の東アジア地域では、米日韓による軍事的脅威とそれに対抗する中国と北朝鮮の軍拡という緊張関係が高まる一方で、中国を軸にしてアジア諸国との経済的依存関係は急速に強まっている。

その中で、東アジア地域における平和の実現にとって、大きな鍵を握っていると思われるのが沖縄の存在である。この沖縄をこれまでの「軍事の要石」から「平和の要石」へと転換し、東アジア共同体の構築を進める中で東アジア地域の統合と連帯の拠点とすることが喫緊の課題として浮上している。沖縄は、戦争による犠牲をアジアの中で最も強いられた地域の一つであり、戦後も他国軍隊による異民族支配を二七年間受け、土地や財産を奪われ、人権を蹂躙され、民主主義から見放された経験をし、「共生」の思想の重要性を最も強く認識してきた地域である。また、戦後日本は、アジア・太平洋地域への歴史的加害の忘却と沖縄への過重負担の一方的押しつけという構造的差別を前提として成り立ってきたと言っても過言ではない。いまこそ日本は脱植民地化の道を進めると同時に、日本人の内なる植民地主義を克服しなければならない。

いまの日本は安倍政権の下で言論統制と人権抑圧を急速に強めつつ、「壊憲クーデター」によって立憲主義を否定して平和憲法を捨て去ることで再び「（海外での）戦争のできる国」へ向かうというかつての道を歩もうとしている。このような戦争とファシズムの時代状況の中で、沖縄、日本本土、朝鮮半島を含む東アジア地域が再び戦場になることを決して許してはならない。

本研究会は、「永続敗戦構造（戦後レジーム）」の中で際限のない対米従属を続けてきた日本の真の独立を実現し、沖縄と日本本土を含む東アジア地域における平和の実現と人権の確立のために東アジア共同体構想を深めるとともに、「米国と日本本土（ヤマト）による二重の植民地支配状態」に置かれ続け、日米両国政府によって翻弄され続けてきた沖縄の独立を含む自己決定権のあり方を多角的視点によって研究することを目的として設立する。

二〇一六年九月一一日（於：琉球大学）

【呼びかけ人】

大田昌秀（元沖縄県知事、沖縄国際平和研究所理事長）、鳩山友紀夫（元内閣総理大臣、東アジア共同体研究所理事長）、石川捷治（九州大学名誉教授）、石原昌家（沖縄国際大学名誉教授）、上里賢一（琉球大学名誉教授）、勝方（＝稲福）恵子（元早稲田大学琉球沖縄研究センター所長）、江上能義（早稲田大学）、進藤榮一（筑波大学名誉教授）、高野孟（ジャーナリスト）、仲地博（沖縄大学学長）、比屋根照夫（琉球大学名誉教授）、前田哲男（軍事評論家）、孫崎享（元外務省国際情報局長）、阿部浩己（神奈川大学教授）、新垣毅（新聞記者）、新垣誠（沖縄キリスト教学院大学）、東江日出郎（金沢大学准教授）、岩下明裕（大学教員）、池上大祐（琉球大学准教授）、上村英明（恵泉女学園大学教授）、内海愛子（市民文化フォーラム共同代表）、越智信一郎（ピースボートスタッフ）、金平茂紀（ジャーナリスト）、木村朗（鹿児島大学教授）、纐纈厚（山口大学名誉教授）、島袋純（琉球大学教授）、白井聡（京都精華大学専任講師）、清水竹人（桜美林大学教授）、須藤義人（沖縄大学准教授）、高里鈴代（「基地・軍隊を許さない行動する女たちの会」共同代表）、高良鉄美（琉球大学教授）、高良沙哉（沖縄大学准教授）、玉城福子（沖縄大学・沖縄国際大学非常勤講師）、玉城愛（SEALDs RYUKYU・学生）、千知岩正継（佐賀大学非常勤講師）、中村尚樹（ジャーナリスト）、成澤宗男（ジャーナリスト）、西岡由香（漫画家）、野平晋作（ピースボート共同代表）、羽場久美子（青山学院大学教授）、原田太津男（龍谷大学教授）、藤村一郎（久留米大学非常勤講師）、前田朗（東京造形大学教授）、松島泰勝（龍谷大学教授）、元山仁士郎（SEALDs RYUKYU・学生）、山口泉（作家）、矢野秀喜（無防備地域宣言運動全国ネットワーク）、屋良朝博（ジャーナリスト）、与那嶺功（新聞記者）、与那覇恵子（名桜大学教授）、渡辺豪（ジャーナリスト）

【声明】東アジアの緊張を高める日米同盟強化と沖縄の新基地建設強行および抗議運動参加者への不当逮捕・長期勾留に強く抗議する

東アジアと太平洋地域を巻き込んだ第二次世界大戦、沖縄戦終結から七二年になる。二度とこの島々が国策によるあの悲惨な戦争の犠牲にならないよう、沖縄住民は必死に平和への努力を積み重ねてきた。一九四五年の壮絶悲惨な沖縄戦では住民の四人に一人が犠牲となり、今なお住民の心身の傷痕は消えない。それは、戦後七二年もの間、米軍基地の重圧が続くかたちで戦争の呪縛から逃れることができないからである。また、復帰四五年を迎えようとするいまも、自衛隊の沖縄配備、増員、基地使用等、基地の過重負担は一向に減少しないどころか、むしろ増えているともいえるからである。

日米両政府の軍事政策により、沖縄は軍事的超過密地域になっている。沖縄県は日本国の〇・六％の面積で、日本本土にある米軍専用基地の七〇％を一方的に負担させられている。県内の世論調査では八〇％近い人々が辺野古新基地建設に反対しているにもかかわらず、日米両政府は「唯一の解決策」と唱えるばかりで沖縄の人々の意思を完全に無視する姿勢を貫こうとしている。これで本当に法治国家・民主主義国家といえるのか。

二〇一五年五月に発生したハワイでのオスプレイ墜落事故は、昨年一二月一三日、沖縄で現実のものとなった。民家からそう離れていない場所での重大な墜落事故にもかかわらず、「不時着」「着水」とした日本政府や本土マスコミの表現は、あまりにも沖縄での事故状況を矮小化するものである。本島東沖では九月にもハリアー機が墜落している。事故から一週間もたたないうちに、反対の声を無視する中でオスプレイの飛行再開が日本政府の容認の下で強行された。これで本当に独立国家・主権国家といえるのか。

七月には高江のオスプレイ離着陸用であるヘリパッド建設工事が再開されたが、それが未完成の段階で、開催中止を求める翁長雄志沖縄県知事らの抗議を受け入れずに日本政府は北部訓練場の返還式を予定通り強行した。沖縄の現状は、オスプレイの低空飛行や騒音、低周波で健康被害が発生しており、住民の人間的尊厳が配慮されているとはとてもいえない。日本の中の沖縄、沖縄の中の普天間、辺野古、高江、伊江島などの住民への対応に象徴される人間の尊厳をないがしろにした安全保障政策など、そもそも命を守る土俵に立っておらずそれが成り立つはずもない。

昨年三月の観光客の女性に対する準強姦事件に続き、四月には二〇歳の女性に対する元海兵隊隊員による暴行殺人、死体遺棄事件が起こった。五月に同事件の内容が明るみに出たが、まさに人間の尊厳を奪う非道な行為であり、言語道断である。

そしていま、安倍政権の意を呈した警察権力が直接的に一個人である市民の尊厳を侵し、弱った身体を不当に拘束して人身の自由を奪い、約五か月もの長期にわたって勾留するという異常事態も生じている。この山城博治・沖縄平和運動センター議長ら、辺野古・高江の非暴力抵抗運動の中心メンバーである数人の抗議運動参加者に対して行われた警察権力による極めて異例な逮捕、長期勾留は、基本的人権を保障する日本国憲法の精神に悖るものであり、日本政府は二度とこのような権力の恣意的な行使をしてはならない。

東アジアの平和と安定は、「力による平和」という軍事・安全保障ではなく、話し合いによって相互信頼を深める「共存」と「和解」の精神を基調とする平和交流、平和外交によってのみ築かれることを再確認する。それとともに、現在の過度に軍事に傾倒している日米両政府の圧迫・強制外交と強圧的行為による平和と人権の破壊に抗議の意をここに表す。

最後に、私たちは、沖縄への過重負担をこれ以上許さないために、以下のことを日米両政府に強く要求する。

(1) 山城博治・沖縄平和運動センター議長ら辺野古・高江の非暴力抵抗運動参加者たちに対して行われた警察当局による不当な逮捕・長期拘留を真摯に反省・謝罪し、二度とこのような権力の恣意的な行使をしてはならないこと。

(2) 周辺住民の生命と暮らしを脅かしている危険な普天間飛行場を無条件で直ちに閉鎖すること。その際、いかなる形であれ県内移設を行わないこと。

(3) 辺野古の新基地建設および高江のヘリパッド建設の工事を直ちに中止すること。

(4) 危険な欠陥機・オスプレイの飛行訓練を直ちに中止し、完全に撤去すること。

(5) 日本（沖縄）防衛とは無関係である海兵隊は、沖縄から全面的に撤収すること。

(6) 今のあまりにも不平等な日米地位協定をより公平・対等なものに改定すること。

(7) 「島嶼防衛」を理由にした、奄美・沖縄・宮古・八重山諸島における自衛隊基地の建設や機能強化は東アジアの平和を乱し、琉球が再び戦場になる恐れがある。自衛隊基地の建設、機能強化を即時中止すること。

二〇一七年三月二五日

（青山学院大学での第五回公開シンポジウムにおいて）

東アジア共同体・沖縄（琉球）研究会一同

共同代表　高良鉄美（琉球大学）

木村　朗（鹿児島大学）

第一回シンポジウム　2016年9月11日　於：琉球大学文学部

顧問挨拶

東アジア共同体と沖縄の未来　鳩山友紀夫（元総理大臣）

基調報告

その国の実情を知ることこそ　大田昌秀（元沖縄県知事）

沖縄と「地域からなる東アジア」――スコットランドと欧州連合からの示唆　島袋　純（琉球大学教授）

個別報告

沖縄構想の来し方と現在　仲地　博（沖縄大学学長）

東アジア共同体の構築を考えるうえでの一つの提案
――中国が「ウヤファーフジ（先祖）」の久米村人（クニンダンチュ）の存在　石原昌家（沖縄国際大学名誉教授）

社会構造の中の沖縄認識と東アジア　玉城　愛（名桜大学、元SEALDs RYUKYU）

鳩山政権崩壊と東アジア共同体構想――新しいアジア外交と安保・基地政策を中心に　木村　朗（鹿児島大学教授）

ポスト・フクシマと琉球弧の抵抗　山口　泉（作家）

顧問挨拶

東アジア共同体と沖縄の未来

鳩山友紀夫（元総理大臣）

ただいま顧問の一人に加えていただき、ありがたくこの研究会の趣旨に沿った活動ができればいいなと思っています。日曜日にもかかわらず、このような堅いシンポジウムに大勢の方々がおいでくださるということは、大変私にとって信じられないことでありますし、いかにみなさまがこのテーマにご関心をもっておられるかがよくわかるところでございます。

今日の午前中に私は平和祈念堂にうかがってまいりました。そこで祈念堂の比嘉さんという専務理事の方にお目にかかってきました。そこで「命《ぬち》どぅ宝《たから》」というお言葉を改めて学ばせていただきました。この言葉は生きとし生けるものの命の尊さを、まさにこれは宝物なのだという直接の意味もあるけれども、さらにそれ以上に共生という考え方がそこに入っている。お互いに助け合おうではないかと、お互いに譲り合おうではないかと、お互いに出し合おうではないかと、そういう共生の考え方があるとうかがいました。共生の考え方を私的にいえば友愛ということにあたります。友愛という考え方、あるいは共生という考え方は、琉球の方々が歴史的に自然に持っていた考え方だった。だからあの「平和の礎」にも日本人だけでなく、韓国人を初め、日本で戦って亡くなった方々の名前が刻まれていますが、それだけではなく、戦った相手である連合国の方々の名前も入っている。それは世界には極めて例のない話なのだということで、ダライ・ラマが来られたときに非常に感激をされたということです。

そしてその共生という思いを、まさに「命どぅ宝」という思いをこの琉球手毬保存会の方がつくってくださった手毬が象徴なのだと、ダライ・ラマに差し上げたものを私もいただいて申し訳ないなと思ったのですが、これを頂戴してまいりました。私は共生、私流にいわせていただくと友愛という心こそ「東アジア共同体」の核心であって、だからこそ「東アジア共同体」を考えるときに、沖縄がその原点なのだと今日は改めて確信をいたしました。この琉球手毬を私は大事にしたいと思っていますが、「東アジア共同体」がこの琉球手毬の想いによって実現していけるように、私なりに努力をしていきたいと考えています。

私は、武力によって真の平和はけっしてつくれない、そう確信しています。世界中で武力によって平定しようという試みが、二〇世紀、二一世紀に入っても行われましたが、その地域が平和になったためしがありません。それは現在の中東の混乱ぶりをみればおわかりの通りです。さらにさまざまな制裁を加える、それは必要なときもありますけれども、制裁を加えることによって真の平和が世界に訪れるとも思っていません。

ではどうすればいいのか、私は「対話と協調」という路線しかあり得ないと思っているのです。武力による自衛力とは、自分たちが武力で自衛力を高めようとすれば当然相手も、日本が自衛力を高める、自衛隊を南の方に配備すればわれわれもという気持ちが起きかねません。そういうことをすれば、武力による軍事力の高まりが互いに世界中に広がっていくだけで、結果として「誰かが殴った、このやろう」ということで戦争が起きないとも限らないのです。抑止力が武力によって高まるのではなく、逆に武力によって一触即発的な事態を招きやすくなる。抑止力が逆に減殺されてしまうことも十分考えなくてはならないのです。

いまアメリカで大統領選挙が行われています。かなり接戦になっているようで、ヒラリー・クリントンさんが若干有利、リードしているように思われますが、四八％対四二％というぐらいの接戦になっているとうかがっています。どちらが日本の未来にとって望ましいのか、あまりこれを軽々にいうべきではないかも知れません。しかし、日本もアメリカもメディアも必死にクリントンさんを応援して勝たせようと、その方が安心だからという話を聞きます。確かにイスラムとのたたかいのような話を考えたときに、不安がトランプさんにないわけではありません。しかしヒラリー・クリントンがもし大統領になったら軍産複合体の上に乗っかっている大統領が誕生することになるのです。そうなるとすれば、日本がそのヒラリー・クリントンの思惑のなかで動かされることが十分に予想されます。集団的自衛権の行使をいよいよ本格的にやらなければならないときを迎える可能性が十分あります。それは日本が幸せになるとはけっして思えない事態だと私は考えています。一方トランプさんが大統領になったらどうなるのか、さまざまな懸念があります。いろいろな誤解もあります。「日米安保ただ乗り論」を信じている方のように思います。「日米安保ただ乗り論」は古い発想で、それが間違っていることは多くの方がもうおわかりかと思います。

でも、「日本がアメリカによって守られている、それならばアメリカの基地があるのは当然だろう。まだ日本にこれからも居続けてやるのだ、もっと金を出せ、基地の負担をもっと日本がしろ」といってきかねません。そうしなければ、「基地を撤退をするぞ」と脅しをかけてくる可能性があります。そのとき現在の安倍政権だと、「それは困りますからどうぞ居続けてください」となります。私が総理大臣のときもそうでしたが、どうも日本の方から外務省がアメリカに「どうぞここに基地を置いていてくださ い」という発想の下で行動をしてきた感じがあります。したがって安倍さんもその方向に動きやすい。果たしてそれが正しいことでしょうか。先ほども話したように、私は真の平和は武力によっては築かれない、そう確信をしている一人であります。ならば、「基地を撤退させるぞ、基地から撤退するぞ」といわれたときに、「どうぞお引き取りください」といえる勇気を私たちは持つべきだと思うのです。そのタイミングを私たちはうまく利用したい、そのように思います。

そのときに、自衛隊を増強させなくてはいけないのでしょうか。日本にもしも米軍基地がなくなったなら、中国や北朝鮮など核実験をしているような国に対してけっして不安がないとはいえません。だからといってこちらが武力を強化して何の意味があるのでしょうか。むしろこちらが相手の真の意向を理解して、「どうぞ。おやりになるのは結構です。でもアジアの将来をいっしょに考えていこうではないですか。対話によって一つひとつの紛争を解決していこうではないですか。日本が歴史的な過ちを犯したことはしっかり謝ります。だからこそ未来に向けて私たちは変わっていくのです。対話によってさまざまな問題を解決していこうではありませんか」。このようなメッセージを日本から発信すれば、「よしわかった。そういう国ならばこれからはもっと協力の道を考えていこう」。そのようなことは十分にあり得る話だと思います。脅威の意図をなくすのです。

それが私の申し上げたい「東アジア共同体」という発想につながっていきます。あらゆることを議論しよう。教育の問題、アジアを一つのキャンパスにするような発想でいこう。文化の問題、それぞれの文化の違いを学びながら違いを理解して喜び合おう、共通点を喜び合おう。環境やエネルギーに関しては、ある意味で地球環境問題が安全保障の問題のなかで最大のテーマではないかと私は思っています。いま世界中で争いをしているゆとりはないのです。それこそ宇宙やこの大変貴重なすばらしい地球を守らなければいけない。しかし人間がその地球を汚してしまっている。だから毎年さまざまなひどい災害が起きてしまう。これこそ世界中で心を一つにしてたたかっていかなければならない問題でしょう。そのようなさまざまな問題をアジアの国々、中国や韓国といっしょに日本が協力をする姿を示せば、世界の人たちがどんなに喜ぶかわかりません。

習近平国家主席は最近、「東アジア共同体」あるいは「運命共同体」という言葉を何度も使っています。日本の総理は使っていません。そこは大変ギャップのあるところですが、習主席の「一帯一路」構想は貧しい国々のインフラを整備することにより、経済を安定させる。しばしば貧しさからテロのようなこと起きる。経済を安定させればそんなテロも起きない、政治的にも安定した世界になっていくのではないか。ユーラシアをこういう意味で運命共同体に変えていこう。そして協力するところに支援をしていこう。それには日本も協力をしてください、というのがいまの習近平国家主席の日本に対する考え方です。しかしどうも日本の安倍さんは、「中国は脅威だから」と、中国に対してなかなかいいメッセージを出してくれてはいません。私は早く、どちらが正しい道かに気づいていただきたいと思っています。ある意味で習近平国家主席の「一帯一路構想」は、「東アジア共同体」の構想を包含する大きな構想のようにも思います。

経済を中心とした発想のなかで、経済も大事だけれども、むしろ一番大事なことは周辺の国々と仲よく暮らすことだと思います。けっして二度と戦争を起こさせない環境をつくる。そのために東アジア共同体の構想を進める必要があると考えているのです。東アジア共同体ができれば、それこそケンカや紛争がなくなり、戦争がなくなるのですから、軍事力、自衛力を抑えていくことが十分可能になります。そして、そこに使っていた余計なお金を、むしろ社会保障その他国民の生活ために直接使えるようになると確信しています。そして対話の場、共生の理念をずっと大事にしてこられた琉球、この沖縄こそ共同体の原点として存在を高めていきたいのです。

その意味で私は「東アジア共同体会議」を沖縄で常設の場として設置することを提案申し上げたいと思います。東アジア共同体会議をここで開いて、あらゆる議論をここで東アジアの国々の方々といっしょに行おうではありませんか。そのことで、戦争のない未来を、戦争のない東アジアをつくることが可能になります。

友愛、共生の発想のなかで、東アジア共同体を実現するための原点が沖縄に置かれて、沖縄から平和に向けてのメッセージが出せる。今日まで軍事の拠点として、「要石」として存在せざるを得なかった沖縄から、平和の要石として東アジア共同体が実現できるようにこの地から発信していく、そんなことを私は描きながらこれから行動をしてまいりたいと思いますので、今後ともどうぞご指導をいただければと思っています。

その国の実情を知ることこそ

大田昌秀（元沖縄県知事）

私は鳩山元総理が東アジア共同体研究所を東京と沖縄につくられたことを大変うれしく思っています。この東アジア共同体研究所を維持発展させていけば、沖縄の未来は非常に明るくなると信じています。ただその東アジア共同体研究所が成功するためには、なんとしても肝心の中国や韓国と親しくなければならないのです。ところが日本政府の中国や韓国への対応の仕方のなかで、過去の認識が大変問われるわけですが、残念ながら日本政府の認識はどうもまともではないのです。過去においてどれだけの被害を中国や韓国に与えたか、もう少し真剣に認識して、謝罪するべきところはきちんと謝罪していかなければ、友好関係はつくれないと思うのです。そのためには、第一に中国や韓国のことをよく知ることが非常に大切だと私は思うのです。

私は一九六〇年代に東南アジア八カ国を五回ほどまわったことがあります。そのとき東南アジアの国々の人たちがいかに平和を求めているか、そして自立を求めているかを嫌というほど思い知らされました。われわれはよその国について、日本で書かれたものをそのまま信じがちです。しかし実際にその国を訪れてみると日本で書かれていることとはずいぶん違うのです。

中国では福建省が沖縄と非常に深い関係がありまして、福建省には沖縄の人たちの墓があるのです。私が県知事のときに訪問し、その墓を訪ねますと草がぼうぼうに生えて墓があるかどうかわからないような状態でした。私は驚いて近くの中国の方に「大変申し訳ないけれどもここをちょっときれいにしてくれませんか」とお金を出してお願いすると、次に行ったときにきれいにされ、墓の存在がはっきりとわかるようになっていて大変喜んだのです。「この墓の維持管理をお願いできますか」とそれ相当のお金を出してお願いしたら、次に行ったときには、道路から墓に降りるところにアスファルト道路ができていて本当にきれいになっていて驚きました。

私は中国福建省の陳明義知事と話し合い、福建省の政府の前に土地を提供してもらい、沖縄県が資金を出して地下二階地上一二階のビルをつくりました。福建沖縄友好会館と名づけて、沖縄の業者が中国で事業をするときに事務所として使えるようになっています。一階では沖縄の物産を売っています。沖縄の青年たち一〇〇名ほどを選んで、福建省から北京まで歴史をたどる旅をしたこともあります。このように中国や福建省と仲よくしていけばよい関係が保てるのです。

そして韓国の仁川に呼ばれていきましたら、韓国の人たちが朝鮮半島の統一についていかに真剣に考えているかを痛感しました。日本のマスコミを通して知る北朝鮮と韓国は大変悪い関係だといわれていますが、私は北朝鮮に呼ばれて行ったことがあります。北朝鮮では食べ物がなく、みんな餓死をしていると、日本の新聞や雑誌に書かれています。私は北朝鮮で国際ホテルというところに泊まりました。そして朝食を食べに食堂に行きますと、ウェイトレスが私に「大田さんおかわりはいかがですか」というのです。初めて会った人なのです。日本では北朝鮮が食べ物がなくてみんな餓死寸前だといわれているのに、「おかわりはいかが」ときたのです。そしていたるところに「子どもは国の宝」というスローガンが掲げてありました。子ども病院に連れられて行ってみますと、ほんとうに清潔できれいにしてありまして、看護婦たちは子どもの面倒をみるだけでなく演芸、演劇を教えているのです。それはみんな政府がお金を出しているというのです。それから芸術村というところに行きますと、八〇代の女性が絵を描いているのです。「あなたはその絵を売って生活をしているのですか」と聞くと「ちがいます。政府が全部金を出して支援をしているから、絵が描けるのです」といわれて、日本で聞かされてきた情報と、実際に北朝鮮に行って見たものとはずいぶん違うと改めて痛感させられたのです。

ですから、私たちが東アジア共同体研究所みたいな非常に好ましい組織をつくっても、実際にわれわれがその国々を訪問して実情をよく知った上で、親しくなっていかなければこの東アジア共同体研究所は成り立たないのです。ですから、私はできるだけその国に行って見ることがいかに大切かを、ことさらに申し上げたいのです。

戦争前に、「鬼畜米英」といって、われわれはアメリカやイギリスの兵隊を「鬼畜生」とさんざん頭に叩き込まれました。ところが、実際に戦争になり、アメリカの兵隊が上陸してきて見ますと、色が白くてハンサムでいつもニコニコしていて、どうしてこれが「鬼畜生」なのかと驚いたのです。そうすると日本の兵隊が銃剣を突きつけて、首里の師範学校の付属小学校で捕虜になっているアメリカの兵隊をトイレに行かせるわけです。そうすると生徒たちは、「あの捕虜のオシッコの色もわれわれのと同じかな」なんて話をしていたのです。

よその国の人々と親しくなるには、可能な限りその国に行って、直にその国の実情を見てくることが非常に大切だと特に申し上げたいのです。東アジア共同体研究所という立派な組織ができている以上、中国や韓国と親しくしていかないと維持発展させることができないのです。ところが日本のマスコミを通して知る中国や韓国、とりわけ北朝鮮に対する報道の仕方はわれわれとしてはなかなか納得ができない、実際に行って見るとずいぶんと違うことがはっきりしているのです。日本で報道をされている情報をそのまま鵜呑みにしないで、可能なかぎり中国や韓国、東南アジア諸国の人たちと親しく付き合うことにより、その国の実態を知ることが非常に大切だと思うのです。

私は鳩山元総理が東京と沖縄に東アジア共同体研究所をつくられたことに非常に心から感謝を申し上げるとともに、ぜひともこれを維持発展させて、文字通りの東アジア共同体として、明るい沖縄の未来をひらくために活用したいと心から願っています。どうかみなさんそういう意味で、お暇なときは東アジア共同体研究所にお越しいただいて、励ましていただいて、沖縄の未来をより明るい、住みよい、文字通りの理想的な沖縄の生活に変えていけるよう心からお願いして話を終わりたいと思います。

基調報告

沖縄と「地域からなる東アジア」
――スコットランドと欧州連合からの示唆

島袋　純（琉球大学教授）

はじめに

スコットランドにおいて、一九九九年スコットランド議会（スコティッシュ・パーラメント）と政府が創設され、高度な自治権が付与され、そして一五年しかたたない二〇一四年九月一八日には、スコットランドがイギリスから独立するか否かの住民投票が行われた。国際法的には前者を内的自決権の表れとすれば後者は外的自決権の追求ということができる。なぜ、スコットランドにおいては、このような自決権の実現と追求が可能となったのか、そこから沖縄あるいは日本及び東アジアは、どのような示唆を受け取ることができるのか、本論はそれを検討する。

地域から成る欧州連合

一九七九年三月に行われた住民投票では、スコットランド議会開設への賛成が五一・六％と過半数を占めたが、有権者総数の三二％にとどまり、有効とはならなかった。これに憤慨する意見はかなり強く残った。

世界的に見てもこの時期は、自治議会とか自治政府がつくられるリージョナリズムの勃興の時期だった。スペインでは、一九七五年に独裁者、フランコ総統が没し、後継者に指名され「総統」となるはずであった新国王は、独裁的な体制を次々と解体し民主主義的な体制を構築していった。カタロニアやバスクの自治を認め、一九七七年に総選挙を実施して、国会を民主的に刷新し、一九七八年に新憲法を制定した。この新憲法は、すでに認められていたカタロニアやバスクの自治を条文に明文化し、自治州の制度が憲法規定となった。また、カナダでは一九六〇年代にケベック党が結成され、一九八〇年にはカナダ連邦政府とケベック州の関係を問う、初めての住民投票が実施された。スコットランドも、基本的には同じ時期に最初の分権改革の住民投票をして、失敗したということになる。

その後サッチャリズムは、スコットランドにも強制され、生み出したのは貧富の差の拡大という格差社会と、それによる社会的な分裂である。対抗したスコットランドの有権者は、ついに保守党の国会議員を一人も選出しない、反新自由主義を鮮明に支持した。根本的な統治原理が異なってしまったイングランドとスコットランドの亀裂はもっと深まった。日本のマスコミは、そういう亀裂について言及しないが、こういった基盤を知らないと、スコットランドの独立の機運の原因が理解できない。

現在まだ、英国の一部であるスコットランドは、高度な自治権を有する議会及び政府を持ち、独立を唱えるスコットランド国民党（ＳＮＰ）が政権党である。スコットランド国民党は、一九八〇年代初頭「ヨーロッパ共同体の中の独立スコットランド」という標語を掲げ、党勢を伸ばしてきた。これは、欧州統合のための標語「地域から成るヨーロッパ」と、呼応している。八〇年代欧州共同体は、「欧州共同体の設定した「地域（リージョン）」という欧州地域政策展開の単位を全加盟国に設定し、その単位への補助を開始したが、スコットランドはその重要な受取先であった。主権国家の加盟国から構成される欧州ではなく、その下の単位、「地域」の連合体として構成される欧州を目指すという欧州政策にスコットランド国民党は共鳴したのである。

権利章典の重要性

一九七九年の住民投票の失敗を受けて、スコットランドには議会設立運動（Campaign for Scottish Assembly/Parliament）という少人数の市民運動がつくられた。それが、分権の火を絶やさないように活動を展開しているうちに、サッチャリズムの嵐が吹き荒れ、それに対するスコットランド人の怒りや反感を追い風に徐々に徐々に力をつけていって、一九八八年には全スコットランドの政治勢力が結集した憲法制定会議（Scottish Constitutional Convention）の設立に至る。この会議は、フランス革命時の憲法制定国民会議、あるいはアメリカ独立時の大陸会議に相当する。こうした会議のメンバーは、普通は投票で選出されるが、スコットランドの場合にはすでに投票で選ばれた国会議員がいるので、保守党議員を除いた労働党議員など国会議員の大半五六人が参加し、それに自治体の代表、商工会や労働組合の代表が入って構成された。

しかし、まだ独立はしておらず「憲法」はつくれない。スコットランドの憲法に相当する基本法の制定会議である。その会議が、一九八九年の第一回大会で何をしたかというと、参加者全員の署名入りの権利章典（Claim of Right for Scotland 1989）の宣言である。スコットランド人民には自由に政府をつくる権力がある。政府をつくる権力はスコットランド人民に帰属する。その権利に基づいてわれわれは集まって基本法を制定するのだと宣言した。スコットランドは人民主権論が有力だが、そういった権限が自分たちにあるという宣言を国内外に発信した。

この権利章典に似ているのは、イギリスの名誉革命のときの権利章典、アメリカのバージニア権利章典と独立宣言、それからフランスのフランス人権宣言などである。

その宣言の中でいちばん重要なのは、スコットランド人民が自由に政府をつくる、いかなる形態であれいかなる権限をもつものであれ政府をつくる権力がある、という部分である。いわゆる「自己決定権」で、いかなる選択を含めて自分たちに政府をつくる権利があるという宣言である。既存の国家の制度の中に留まる、その範囲の中でなどと書いていない。主権はスコットランド人民にあるという宣言である。これには完全な主権の獲得、独立も必然的に視野に入ってくる。

それを宣言して、ではスコットランドの新しい基本的な統治の構造はどうなのかと議論し合って、それで合意形成できたのが基本法の原案である。なによりも重要な提案は、新しくつくる議会の名称を、三〇〇年前、主権国家時代の議会の名称であるパーラメント（Parliament）としたことである。これは通常、主権国家の議会、国会を意味している。それを「スコットランド地方議会」と訳する文献を目にすることもあるが、むしろ「スコットランド国会」

と訳した方が妥当と思われる。

一九九二年には最初に合意形成された案が出た。その年の総選挙では、労働党によってスコットランドの新しい姿としてＰＲされた。しかし、一九九二年の総選挙で労働党は負けてしまったので、これが日の目を見る可能性はなくなり、もう一度議論を継続して、一九九六年の労働党の党首選挙のときに、候補者のブレアもプレスコットもみんな、この基本法案を労働党のマニフェストとして採用すると確約した。

それで党首選挙ではブレアが当選して一九九七年の総選挙になるが、労働党は総選挙の公約として、この基本法を採択するとした。そして総選挙で労働党は勝利してブレア政権が発足し、この公約が実現することになる。

まず、一九九七年九月一一日に、スコットランドに主権的な権限を持つ議会及び政府をつくることについて住民投票が行われた。具体的には議会開設の賛否と、所得税率を三％の範囲内で変更できる課税変更権の賛否を問う住民投票である。その時は一九七九年のような、有権者総数の四〇％を超えないと有効とは認めないという否定条項はついていなかった。投票結果は、議会開設は賛成が七四・三％、課税変更権は賛成六三・三％で、投票率は六〇・二％であった。こうして、圧倒的賛成多数でスコットランド議会及び政府をつくることが決まった。

基本的な統治構造については、イギリス国会の制定法として「一九九八年スコットランド法」がつくられた。どういうことかというと、スコットランドの人々が人民主権論に基づいてつくった基本法を、そのままイギリス国会が承認したということである。つまり間接的にではあるが、スコットランド人民は政府をつくる主権を持つということを認めることになったことになる。

沖縄の人々の、自由に政府をつくる権利

国家権力の民主的な正統性の問題という、長期的で構造的な問題に戻りたい。これは、社会契約説的に国家がつくられているかどうかが非常に大きな問題になる。

アメリカとかフランスであれば、人民の自己決定権という概念が血肉化している。人々の権利を守るとか、人民には自由に政府をつくる権力があるとか、そういうことはアメリカ独立革命宣言にも書いてある。

そういう「権利章典」をやって、そこに人民が憲法制定権力を持つと宣言し、それによって社会統合を図り、国家を形成してきた国は、それが国民に血肉化するように教育でも叩き込まれる。米国ではメイフラワー号の契約から自分たちの意思に基づいて社会契約的に社会を形成し、国家を形成する、自分たちが自由に政府をつくる、自分たち自身でコントロールするのだと。

したがって、そうした国々ではこうした議論は権利章典によって人々が憲法制定権力をも持つとしてそれに基づいて憲法を策定していく、そして国家権力を生み出していく、というのはあたり前である。「権利章典」というのは、憲法の前半の方にある人権条項のことだと教わる。同時に、これは社会統合、政治統合の原理であり、また手段であり手続である。単に人権条項のことだけではなくて、その人権を守るという意思のもとに結集して国家をつくり出し、その国家に参加して自分はその国家の一員であるという、そういう認識の共有を図り、社会統合、国家統合が行われていくその手続きである。アメリカが典型である。そういうことを通じて国家統合も果たしていくが、そういう発想がない国々では、ちょっと理解できないのではないか。しかし、この流れを理解しないと、なぜスコットランドの住民投票で独立できるのか理解できない。

こういう人民の自己決定権、主権国家も含めてあらゆる権限を自分たちが望むようにつくることができるという発想からは、沖縄の場合には沖縄の人民の自己決定権ということになるが、そんなことは日本国憲法には書いていないし、それから日本の現実の国家統合のあり方から見ればそのような発想は出てこない。

しかし、人々が権利章典を元に結集し憲法を制定し国家を形成していくという国際的な常識からすれば、沖縄の人々には、分離独立も含めて自由に政府をつくる権利があることになる。国際人権法の規定を用いて国連諸機関が、沖縄の人々をして、人民の自決権を有する存在として認めている。したがってスコットランドの論理というのは、沖縄にとっては、自分たちの自己決定権を拡充する手続きとして、また論理として参照できる。

おそらく日本では、権利章典で人民の自己決定権を宣言できるのはアイヌと沖縄だけではないか。ただ、いまのところアイヌの人々の人口が小さく、北海道全体でアイヌの人々の自決権に基づいて政府をつくる、あるいは独立することができるかというときわめて困難である。しかしながら、大半が琉球王国時代に遡って出自を特定でき、沖縄出身者が沖縄県民のほんどを占める沖縄の場合はそれが可能である。そうなると、もはや「自治」の問題を通り越して、自治というよりも自己決定権という主権的な権限の問題になる。

まとめ――「地域からなる東アジア」

EUという超国家レベルの政策領域が増大するなかで、より市民に近い声を反映していこうという動きである。EUはいま、新しくヨーロッパ市民権というものを確立しつつある。ヨーロッパの権力機構を支えるのはヨーロッパ市民なので、ヨーロッパ市民権ということで、新しく育つヨーロッパ社会を形成し、ヨーロッパの統治機構を形成して、それを監視するヨーロッパ市民というものをつくっている。それが非常に重要である。

スコットランドが独自の政府をつくる場合、スコットランド市民と、ヨーロッパ市民というものは重なる。例えば今回の住民投票は、スコットランドに一定期間住んでいるヨーロッパ市民も投票できた。外国人でもヨーロッパ市民の場合は投票できる。

ヨーロッパの統合と、「地域からなるヨーロッパ」が歩調を合わせて発達してきた、この流れは不可逆的なものであろう。ヨーロッパの統合の方は、通貨危機があり、EU内の国家間の格差があまりにも激しいなど、いろいろ問題がある。しかし、「ユーロ・リージョン」、「ヨーロッパ市民」というこの流れは、このままいくのではないだろうか。

そういった欧州連合的な組織が東アジアにできれば、沖縄的な地域とか少数民族は域内に多く存在するので、その自治権や自己決定権を拡大しながら統合をはかっていくというシステムはつくり得るのではないか。

北アイルランドの武力闘争が終わったのは、欧州連合という枠組みと通貨統合があったゆえである。欧州統合でアイルランドが経済発展してきて、そこに地域の権限を強化するというヨーロッパの枠組みが機能して武力闘争を沈静化させてきた。

スペインのバスク地方も自治権を与えながら紛争が沈静化していったという形で、欧州統合をはかりつつ地域の権限を強化する流れが一貫してある。こうした分離独立運動をある程度コントロールしながら、平和裏に民主的に着地点を見出していくということだと思われる。漸進的に自治権を拡大していき、独立しても現状とほぼ変わらない状況にもっていく。これは重要なヨーロッパモデルである。「地域から成る東アジア」を標榜して、少数派や先住民の人民の自決権を承認し、「アジア・リージョン」を設定して結びつきを強め、さらに同時に「東アジア市民」が育っていき、東アジア共同体を主体的に支える。そういう方向で東アジア共同体をつくっていければ、共同の資源管理と同時に、地域の自治を強化していく方向性が一定程度見えてくるのではないかと思われる。

沖縄の問題もそうだが、台湾の独立や香港の民主化の問題、済州島の基地建設の問題、チベットやウイグルなど多くの問題は自決権を認めつつ東アジアを重要な単位としつつ統合していけるかどうかにかかっているのではないか。そうした国際的な市民、市民社会組織及び自治組織からなる共同体をつくりながら、中国と日本の関係もコントロールできるようにしたほうがよい。東アジアでそのようなイメージをわれわれが共有できるであろうか。逆に国家主義的な煽動が目立つ状況であり、「国民」が国家間の対立の矢面にいる。「東アジア市民」の姿はなかなか見えない。東アジアの共同体を創造する方向がますます見えなくなっている。それを乗り越えることができるかにかかっている。

参考文献

(1) 自治・分権ジャーナリストの会編『英国の地方分権改革ブレアの挑戦』、日本評論社、二〇〇〇年九月、二三一頁～二六〇頁。

(2) 島袋純『リージョナリズムの国際比較』啓文堂、一九九九年二月。

(3) スコットランド「権利の請求」及び権利章典については、沖縄県議会議員経験者の会編『沖縄自治州―特例型沖縄単独州を求めて』琉球書房、二〇一三年六月、一五頁～二二頁。

(4) スコットランド独立投票の経過に関する具体的情報は、二〇一四年九月一三日～一七日の現地において琉球新報記者と同行した聞き取り調査に基づく。詳細は、琉球新報社・新垣毅『沖縄の自己決定権』高文研、二〇一五年六月、一八二頁～一九四頁。

個別報告

沖縄構想の来し方と現在

仲地　博（沖縄大学学長）

一九一〇年（明治四三年）八月二九日大日本帝国は、大韓帝国を併合した。沖縄学の泰斗伊波普猷の下で学んでいた比嘉春潮は、当時の日記に次のように記している。

「去月二九日、日韓併合。万感交々至り、筆にする能はず。知り度きは吾が琉球史の真相也。人は曰く、琉球は長男、台湾は次男、朝鮮は三男と。」

琉球は長男、台湾は次男、朝鮮は三男という言葉は、帝国が東アジアへ膨張する歴史的経緯を端的に述べたものである。沖縄は、普通の日本の一地方でただ最南端にあるだけで、それは北海道が北端にあるのと変わらないと信じている青年にこの言葉を紹介すると、ほとんど信じ難いという顔をする。

日本から見れば、琉球（沖縄）は、東アジアへの膨張の突破口たる地位にあったのだ。自由民権運動家の末広鉄腸が、朝野新聞に「琉奴可討」と題し、「甚だしい哉琉奴の我が日本帝国を蔑視するや、甚だしい哉琉奴の支那国に傾慕するや」と論じたのは琉球処分前夜である。討たれる「琉奴」からすれば、当然日本は侵略者に他ならなかった。

東アジアと沖縄を考えるとき、まずは沖縄が日本になった出発点の議論から見てみるのは興味深い。

明治初期の言論界が沖縄をどう論じたか、若き日の比屋根照夫の「沖縄構想の歴史的帰結」は、恰好の論文である（『自由民権思想と沖縄』研文出版所収）。半世紀近い前の執筆であるが、現在でも鮮明である。比屋根に依拠し当時の「沖縄構想」を本稿の関心に即して要約しよう。

明治政府は、南海の琉球をどう日本の版図に組み込むかが外交内政上の重要政策課題であったが、それに対して在野の知識人はどう論じたか。

まず自由民権派の『郵便報知』は、琉球は中国と日本に属する曖昧国であり、琉球に日本のエネルギーをそそぐより、国内の諸改革を優先させるべしと主張した。いわば「沖縄放棄構想」である。

『近時評論』の論調は、弱小国琉球は「敢えて之を憐愛すべし」とし、「日本が弱小国の権利の保全と自主性を尊重する…態度を示してこそはじめて日本は欧米先進国に対しても自主性を強く要求しうる」との立場（松本三之助）であった。人民の発言権、参政権の保証を主張し、いわば「沖縄自治構想」である。

植木枝盛は、「沖縄独立」を構想した。「アジアの基本理念は、アジア諸国間の相互不可侵・主権平等・人間の自主的精神の尊重である。この基本理念を内外に鮮明に…するため、琉球を独立させよ」とする。

最後に福沢諭吉の「内地化構想」である。福沢は、日本が西洋に倣うように沖縄は内地化せねばならないとし、そして、福沢の「（沖縄の）内地化の主張は、窮迫する国際環境の中で、政治・教育・社会の諸領域の改革に優先する軍事的・国防的内地化の色彩を濃厚に保有するものとなる。」

以上見るように、論者の沖縄構想は、多かれ少なかれアジアとの関係で論じられている。そしてこれは、敢えて述べるまでもないが、現代史においても沖縄の運命はアジアとの関係で処理されてきた。米国による琉球諸島の軍事占領の継続を望むとした天皇メッセージ、共産主義の脅威ある限り無期限に沖縄を保有するとしたアイゼンハワー大統領の声明、日米安保をアジア安保に拡大した沖縄施政権の返還である。そして今、周辺諸国を脅威ととらえ抑止力のため海兵隊基地を強要する。

ここまで来ると、一〇〇年以上前の沖縄構想が現代にオーバーラップしてくることに気が付いてくる。すなわち、現代の沖縄構想は、政府に抗する沖縄は勝手にさせればいいという放棄論がネット上跋扈し、また、米軍基地の全廃のためには独立するべきとする独立論が主張され、他方沖縄の独自性に立脚する自治論がある。また、沖縄基地は、日本防衛のため必要不可欠とするのは、福沢の内地化構想を連想させる。

さて、現代の沖縄構想でもっとも強力なものは何か。沖縄県が策定した「沖縄二一世紀ビジョン基本計画」は、「県民とともに策定」されたものであり、「沖縄県の施策の基本」であり、実践性を持った（実際に実現できるかどうかは別として）文字通り最強の沖縄構想である。この計画は、実は県が策定する初めての綜合計画である。復帰後四次にわたって「沖縄（開発）振興計画」が策定されているが、他の都道府県と異なり国の計画という特殊なものであった。

この基本計画の一つの特徴は、全体を通して沖縄が日本とアジアの架け橋となるという視点が強調されていることである。フレーズをいくつか紹介しよう。

「（本県は）交流と共生を通じてアジア及び世界とつながり、わが国が世界へ貢献する一翼を担（う）」、「沖縄の特性を発揮し、日本と世界を結び、アジア・太平洋地域の平和と発展に貢献する先駆的地域を形成（する）」、「民間主導の自律的経済の構築を継承発展させ、万国津梁の精神を受け継ぎ、日本と世界の架け橋となる沖縄型自立経済の構築に邁進する」。今沖縄は、日本と東アジアの結節点として、自らの存在意義と価値を確認しようとしている。

参考文献

仲地「沖縄自立構想の歴史的展開」西川潤・他編『島嶼沖縄の内発的発展』（藤原書店、二〇一〇）、林泉忠「近現代における沖縄の自治運動」松島泰勝編著『島嶼経済とコモンズ』（晃洋書房、二〇一五）、松島泰勝『琉球独立への道』（法律文化社、二〇一二）、島袋純『沖縄振興体制を問う――壊された自治とその再生に向けて』（法律文化社、二〇一三）、琉球新報社・新垣毅『沖縄の自己決定権』（高文研、二〇一五）、沖縄県議会議員経験者の会編『沖縄自治州』（琉球書房、二〇一三）等がある。また、「沖縄の自立解放に連帯する風游サイト」（www7b.biglobe.ne.jp）は貴重な資料集となっている。

東アジア共同体の構築を考えるうえでの一つの提案——中国が「ウヤファーフジ（先祖）」の久米村人（クニンダンチュ）の存在

石原昌家（沖縄国際大学名誉教授）

ことし（二〇一六年）第六回世界のウチナーンチュ（沖縄の人）大会が、一〇月二七日から三〇日まで開催される。沖縄は、戦前海外雄飛の掛け声の下に世界各地へ移民を送り出してきた。いまや、四世、五世の時代になってきた。ほぼ三世の時代から自らのルーツを求めて、祖先の地沖縄を訪ねてくる気運が醸成されてきた。そのような動きの中で世界各国に移住したウチナーンチュの子孫がウチナーアイデンティティーを受け継ぎ、ウチナーネットワークの確立、発展、次代への継承を目的とした大会を、沖縄県が企画してきた。それは沖縄の非軍事平和思想が根底にあると思えるので、その一過性でないウチナーネットワークを東アジア共同体の構築にも生かせないかというのが、私の今日の報告の目的である。

その一つの方法として、中国からの渡来人からなる久米村人（クニンダンチュ）の存在を生かすことだ。現在那覇市の一角となった久米町には中国の福建地方である閩人《びんじん》三十六姓の渡来」に由来し、かれらが築いた町である。「一三七二年に琉球と中国が公的な交易を始めた時から存在していたことは確実」（田名真之沖縄県博物館）といわれていて、中国が琉球へ職能・技能集団を派遣したので、琉球のあらゆる面の発展に欠かせない存在になっていた。その子孫らが現在、久米崇聖会《くめそうせいかい》を組織している。そして、ハワイ、南米移民の子孫らがルーツを求めて祖先の地沖縄へやってくるのと同じように、久米崇聖会に結集する久米村人の子孫たちも祖先の地福建省へルーツを探して訪ねている。そこでその縁故者たちから大歓迎されて交流を深めてきている。このような久米村人（クニンダンチュ）の子孫が発刊した大正二（一九一三）年生まれの小渡有得著『小石のつぶやき』（琉球新報社、二〇〇八年）でも、沖縄と中国との関係の深さをうかがい知ることができる。「私の先祖は、今から約六百年前に琉球の造船や航海の技術、海外貿易や外交、それに伴う文書の作成など、その他もろもろの指導のため、当時は明国と呼ばれていた中国の福建省から渡来して来た、いわゆる三十六姓の中の蔡崇という人でありす。」「昔の久米村では北京語を覚えるための歌があり、子供らが暗唱したといいます。母がよく口にしていたのを今でも憶えています。良夜（リエンエー）、月の夜（チチヌユー）、闇夜（エエンエー）、闇の夜（ヤミヌユー）」など、まるで中華街的な雰囲気が漂っていたことを想像させる記述（一〜二頁）がありまず。そのような中国との深い絆を感じている著者が、一九三九年六月、「召集されて軍隊に入営しました。時は日中戦争の最中で、海南島、中国大陸（ベトナムに隣接する江西省）に送られましたが、中国を転戦している間、もしや父に似た人がいないかとひそかに胸を痛めておりました。父の死後の応召でよかったと思いました。」（四頁）と、ウヤファーフジ（先祖・父祖）の地・中国へ皇軍兵士として侵略の加担者にさせられていた苦悩の一端を記している。

その苦悩の歴史を詩の形でまとめている。「アジアに　日本という国が興って／清国と戦って勝った／この時から　琉球の『大和世』は定まった／金色の太陽は堕ち／冊封も進貢も南蛮貿易も　終わりを告げ／久米村の灯も　掻き消された／日本人としての　路上に立って　その向こうに／茫として光るものが　見えるような気がして／琉球人は歩き始めた／三十六姓の後裔たちも―／明治が終り　大正が過ぎ　昭和を迎え／日中戦争が始まった／私たちは兵隊として　中国大陸に送られた／そして／私たちの目の前で／死んで行った中国の人たちを見た／兵隊のほかに　母親や　子どもや　老人を／それとともに　三十六姓の面影も／私は見た／日本人もたくさん死んだ―と／言っていいことだろうか」（二五一頁）。

この詩は、「琉球八景図『久米村竹籠』に三十六姓の渡来を想う――洪武二十五年（一三九二年閩人三十六姓渡来す」）というタイトルの一節である。

私自身の聞き取り調査でも、クニンダンチュが中国でどのような思いをしていたかを間接的に聴いている。沖縄出身兵士二人を含む日本軍部隊が転戦中、部隊の一兵士が中国のゲリラ兵に殺害された。その仇討として五、六〇名の村民が住む集落全員を手斧で虐殺した。沖縄出身兵士二人のうちの一人はクニンダンチュだった。そこで私の聴き取り相手が「あなたのウヤファーフジの国で、このような恐ろしいことをしている日本軍をどうおもうか」と秘かに尋ねたとき、「シッ、自分が中国系と知られたら自分も殺されるかも知れないから、黙っていて」と、とても恐怖におののいていたという。いま、沖縄人といわれている人たちのなかには、このような久米村人の子孫が存在していることを認識しておくべきであろう。

また、沖縄の親族組織として門中《もんちゅう》制度があるが、王氏、阮氏、陳氏などという門中のもとに幸喜姓、仲本姓などの子孫それぞれが各門中の一員である。私自身、久米村人とは関係はないが、中国から山桃（楊梅、ヤンメイ）を移植した三司官の子孫であり、その家紋は山桃の花びらを模したもので、山桃の中国名からとった楊《よう》姓門中の中宗家の跡目である。沖縄の特産物となった山桃を移植した功績で琉球王府から「楊」の姓を授与されたようだ。しかも、琉球の時代は唐名（からな、とうめい、とうな）までもつけるほど、琉球人は直接、中国渡来人の子孫でなくても、中国とは深いつながりがあった。

現在、尖閣諸島をめぐって戦争前夜のような緊張関係が中国と日本との間にうまれている。そのような中で、東アジア共同体の構築を模索するにあたり、私は琉球列島を非軍事・非武装列島として中国大陸と日本との間の緩衝地帯にすべきとおもっている。

久米村人の子孫が個々に存在している中国との密接な血のつながりを生かしたネットワークがすでに生まれて、個々に交流が行われているという。したがって、世界のウチナーンチュ大会のノウハウを生かしながら、久米村人のその経験をクローズアップしていくことができないだろうか。東アジア共同体の構築に、大交易時代の担い手だった子孫である久米崇聖会自身やその関係者などがそれを土台にして、ふたたび、その一翼を主導的に担えないだろうか。東アジアの国際秩序が「冊封体制」で平和共存を維持してきた歴史の教訓を現代に生かす道を模索する動きが生まれることを期待したい。

社会構造の中の沖縄認識と東アジア

玉城　愛
（名桜大学　元SEALDs RYUKYU）

多くの若者が感じ取れない沖縄の「構造的差別」

玉城と同世代の多数が、沖縄が受けていた差別はひと昔前のことだと感じています。確かに暴言を吐かれたり、目に見える形でコミュニティから排除されたりということは減ってきています。しかし、琉球併合されてから近代現代に至るまで、変わらない日本と沖縄の関係があります。戦前戦後、復帰前後を生きてきた多くの方々はその「差」に気づいています。

課題なのは私と同世代の人たちの沖縄と日本の関係性に、なんの違和感も持っていない現状です。さらに最近では「チュウリツ」であるべき、のような変な雰囲気がつくられていますが、これに対して強い危機感を持っています。「チュウリツ」という言葉がある種の権力者側の政策であるのでは。沖縄が自立するためには、沖縄自らが地方自治のあり方をはっきり示すべきだと思います。

同世代にとっての東アジア

私は沖縄にいて聞く多くの話題が、やはり中国脅威論です。選挙前になるとどこかの団体が、中国が攻めてくる動画を作成したり、本質からそれた事実無根の情報が流れたり、オール沖縄の流れでは中国が攻めてくるという風な若者の意見をつくるための試行錯誤がなされています。「反韓」の声を沖縄では聞いたことはなく、韓国や台湾に旅行に行く人も多い感覚があります。しかし、東アジアの印象は現代に近いものであり、第二次世界大戦の時についての理解や意見というものを持っている人は少ないと思います。つまり、東アジアは旅行へ行く場所であって、戦前後の日本との関係性には無頓着ということです。

どのような視点を沖縄から東アジアに向けるのか

沖縄の若者は、もっと自由に東アジアや琉球大国時代や近代現代史を学んでもいいと思います。日本という枠組みに縛られていては、見えるはずのものも見えなくなる恐れもあります。ある国の習慣を笑うような幼稚な日本、もしくは日本が「支援」してあげましょうというトップダウンの視点は、必ずしも正しいわけではないと考えます。東アジアの地域を「劣っている」と捉えるのではなく、「異文化」や「民族性」として尊重しながら他者を理解するべきではないでしょうか。日本的視点から脱却してもいいと思います。それは右から左、左から右という安易なものでさえなく、沖縄の自立に繋がるものだと思います。

沖縄と東アジアに共通していると感じる部分を植民地というキーワードで考えてみたときに、ヒントがある気がします。一九四五年の日本が朝鮮を植民地支配していた時期の、日本から見た朝鮮と、今の社会的な動きの中の日本と沖縄の「日本人」の意識・感覚が似ていると思っています。そこからポジティブな方向で、沖縄が自立するために考えていけたらいいと思っています。

鳩山政権崩壊と東アジア共同体構想
――新しいアジア外交と安保・基地政策を中心に

木村　朗（鹿児島大学教授）

二〇〇九年夏の政権交代で登場した鳩山政権は、対米自立と脱官僚政治を二本柱とし、普天間基地「移設」問題ではそれまでの辺野古V字型案を白紙に戻して「国外移転、最低でも県外移転」を掲げて沖縄の民意にそった解決を模索した。そして、米国の強い反発と国内の反対勢力の抵抗を受けてその主張・方針の内容を次第に後退させ、結局、「国外移転、最低でも県外移転」が実現できずに辺野古V字案に回帰して鳩山政権は崩壊することになった。しかし、実はこの鳩山政権崩壊の背後には、普天間飛行場移設問題以上に重大な問題が隠されていた。それが、鳩山政権が発足当初から重要な外交課題の一つとして掲げていた東アジア共同体構想であった。

この東アジア共同体構想のもともとの起源は、一九九〇年にマレーシアのマハティール首相が提唱した「東アジア経済協議体（ＥＡＥＣ)」、一九九七年のアジア通貨危機の際に当時の橋本首相が提唱した「アジア通貨基金（ＡＭＦ）構想」である。しかし、これまでの東アジア経済協議体（ＥＡＥＣ）やアジア通貨基金（ＡＭＦ）構想の動きは、米国の強い反対や中国の消極的な姿勢などでほとんど具体的な進展がみられることはなかった。例えば、九四年に「ＡＳＥＡＮ＋３（日中韓)」による東アジア経済協議体（ＥＡＥＣ）の準備会議が開かれようとした際にはジェームズ・ベーカー米国務長官が当時の村山政権にこれに反対するように圧力をかけて実現しなかった。九七年に橋本首相がアジア通貨基金（ＡＭＦ）を提案したがＧ７で米国の強い反対にあって頓挫した。また、九五年末開催された「ＡＳＥＡＮ＋３」首脳会議では小泉政権は米国の意向を忖度して「東アジア共同体」構築の方向性として、中国の影響力を薄める「ＡＳＥＡＮ＋３」にインド、豪州、ニュージーランドを加える「ＡＳＥＡＮ＋６」という新しい提案を行うという経緯もあった。

そして、こうした流れを大きく変えることになったのが二〇〇九年夏の総選挙で本格的な政権交代をはたした民主党を中心とする鳩山連立政権の登場であった。鳩山由紀夫首相は、政権交代後に月刊誌『Voice』二〇〇九年九月号に掲載された論文「私の政治哲学～祖父に学んだ〝友愛〟の旗印」のなかで、「ナショナリズムを抑える東アジア共同体：ヨーロッパと異なり、人口規模も発展段階も政治体制も異なるこの地域に、経済的な統合を実現することは、一朝一夕にできることではない。しかし、日本が先行し、韓国、台湾、香港がつづき、ＡＳＥＡＮと中国が果たした高度経済成長の延長線上には、やはり地域的な通貨統合、〝アジア共通通貨〟の実現を目標としておくべきであり、その背景となる東アジア地域での恒久的な安全保障の枠組みを創出する努力を惜しんではならない」と述べて、東アジア地域での通貨統合と恒久的な安全保障の枠組みをつくるという具体的な「東アジア共同体構想」を提起したのであった。

二〇〇九年夏に登場した鳩山政権は、沖縄県民の総意が「県内移設反対」であることを受けて、それまでの自民党主導の政府が推し進めてきた辺野古V字案をいったん白紙に戻して「国内移転、最低でも県外移転」という方向への政策転換をはたそうとするが、結局、さまざまな要因によってその方針を実現できずに挫折した。この普天間基地移設問題での挫折と鳩山政権崩壊の背景にあったのが鳩山氏が提起した「東アジア共同体構想」であった。米国政府関係者はそれを「米国外し」だと捉え、強い反感を覚えたことは間違いない。そして、日米同盟が形骸化することを恐れたジャパン・ハンドラーズによって東アジア共同体構想は鳩山政権ともども葬り去られたというのが真相である。政権交代が実現する半年以上前から始まっていた、小沢一郎氏を狙い撃ちした「国策捜査」も同様だ。小沢氏の秘書が逮捕されたのが、「米軍の抑止力は第七艦隊だけで十分である」との小沢発言直後であったことが注目されなければならない。

鳩山氏は、東アジア諸国との関係を改善し、日本に対する脅威を低下させ、米軍の常時駐留が必要ではない平和的な状況をつくりだしていく「常時駐留なき日米安保」という中長期的構想を提起していた。これはまさに日米同盟の将来的展望を提示したものであると同時に、その後に提唱する東アジア共同体構想やそれまでの普天間基地の日米合意である辺野古の見直し、「できれば国外移設、最低でも県外移設」の方針につながるものであった。

東アジア共同体構想および「常時駐留なき安保」(有事駐留)論との具体的関連で検討する必要があるのが普天間飛行場移設問題である。「世界一危険な飛行場」とされる普天間飛行場が即時閉鎖されずに今もなお運営されていること自体が狂気の沙汰であると言える。こうした経緯・現状は、日本が米国の属国であると同時に、沖縄が米軍直轄の軍事植民地かつ日本の国内植民地であることを証明するものである。第二次安倍政権が登場してからの沖縄政策は、飴とムチなどあらゆる手段を総動員して沖縄の人権と民意を踏みにじるものであり、あまりにも理不尽かつ不条理であるといえる。

今、沖縄では日本政府・安倍政権によって民意を踏みにじる形で辺野古新基地建設が強行されようとしている。そして、このような状況の中で、沖縄の自己決定権を求める声が沖縄ではますます高まろうとしている。日本本土の人間は、沖縄の多くの人々が「イデオロギーよりもアイデンティティー」を重視し始めたことの意味を自ら問い直すとともに「琉球処分」以来続けられてきた積年の沖縄差別の根本的解消を訴える声、すなわち日本本土の人々の中にある無意識の植民地主義への告発に今こそ真剣に耳を傾けるときである。沖縄の基地問題は沖縄だけの問題ではなく、本来は日本の問題、そして米国の問題である。また沖縄問題は軍事・安全保障である前に、人権と民主主義、あるいは地方自治・環境保護の問題である。安倍政権下での言論統制・情報操作と自主規制・集団同調圧力はより深刻なものになりつつあり、日本はすでに法治国家・民主国家ではなく暗黒社会・ファシズム国家に移行しつつあると言える。東アジア、とりわけ朝鮮半島や沖縄にふたたび戦火を招くことが絶対にあってはならない。そのような地獄絵図を避けるためにも、一人ひとりが勇気と覚悟を持って立ち上がり抗議の声を上げることが今こそ求められている。

ポスト・フクシマと琉球弧の抵抗

山口　泉（作家）

山口泉です。沖縄に移住して三年半になりますが、うちなーぐちは私の知る言語のなかでも極めて難しく、いま御挨拶した程度にしか、まだ遣えておりません。

そもそもヤマトンチュが「島くとぅば」を用いることそれ自体にも、私としては一定の自己検証が必要だと考えています。これも、後ほど触れる問題と無関係ではないでしょう。

私は、いわゆる「研究者」ではありません。その立場から、ここまであまり触れられていないと感ずる事柄に関して、少し所感を述べます。

私自身、かねて、かなり早い時期から沖縄をめぐっての発言は続けてき、来訪を重ねました。たくさんの友人知己も、この地にはいるものの、しかし自らが「沖縄県民」になろうとは考えたことはありませんでした。

一九九四年から九五年にかけての旅では、伊江島を訪ね、阿波根《あわ》昌鴻《ごんしょうこう》さんと一夜、親しくお話する機会も得ました。ちょうど、そちらにおられる大田昌秀さんの県政が第二期に入った頃で、謝花悦子さんが「沖縄にも、ようやく希望ある未来が開けてくる気がする」と、しみじみと語られていたことが深く記憶に残っています。

にもかかわらず、その九五年秋に「少女暴行事件」が起こり、「ＳＡＣＯ」合意から、今日の辺野古・高江へと続く事態が始まってしまった——。琉球弧に対する、日米二重植民地支配の犯罪性の深さを思わずにいられません。

この間、著書や内外の講演等でも繰り返し述べてきたことですが、私の沖縄移住は、二〇一一年三月一一日の東京電力・福島第一原発事故をきっかけとしています。それがなければ私は、いまもあくまでヤマトに留まり、ヤマトに生きるヤマトンチュとして、琉球弧やアジアに対する歴史的責任を果たすという立場を採り続けたでしょう。

政府やメディアは意図的に矮小化していますが、東京電力・福島第一原発事故の被曝被害は、単に東北地方——ましてや福島一県には留まりません。放射性物質が「県境」を区切りに止まるはずなど、もとよりないわけです。

これは、放射能に対する感受性という個人差も少なくない問題なのですが、東京に住んでいた私や周囲の人びと、さらには中京地区に暮らしていた友に至るまで、被曝と有意の関連を疑うべき、深刻な健康被害を経験しました。そしてその結果、沖縄はじめ西日本に移住するということが続きました。遠くヨーロッパを含め、海外に居を移した方の例も何人か、知っています。

そんな現在の状況は「核戦争」と同じと、私は考えています。戦争は「国家間」でだけ、起こるものではありません。むしろ、支配者と被支配者の民衆とのあいだで、前者から後者に対し、一方的に行使される国家暴力こそが「戦争」の本質ではないか。

現在の状況を、私は「3・11」以降の最初の著書である『原子野のバッハ』[1]において「『ポツダム宣言』なき一九四五年」と名づけました。この事態に責任を負うべきは、ひとえに日本政府と株式会社東京電力です。とりわけ福島第一原発に関し、第一次政権時代の二〇〇六年一二月、国会質問を受けた際、予備電源の必要性をこともなげに一蹴してみせた、時の内閣総理大臣・安倍晋三の責任は無限に大きいといえるでしょう。

しかも、そうした責任と事態の重大さの一切を隠蔽し糊塗するかのように、第二次以降の安倍政権は軍国主義ファシズムを推し進め、東アジアの緊張を高めている——。

現在は、言われているような「新しい戦前」どころではありません。もはや「新しい戦中」に深く入っている。そうして収拾不能の政治の破産から、この傾向はさらに尖鋭化するでしょう。

すでに今夏、参議院議員となった伊波洋一さんが先島諸島を「戦場」とした日米の軍事シミュレーションを告発されている。何より琉球弧にとって、極めて危機的な事態です。明らかに「第二の沖縄戦」——琉球弧を「捨て石」として、日本の「国体」を〝行けるところまで〟粉飾しつづけようという、おぞましい目論見《もくろみ》が蠢《うごめ》いている。それに先立つ二〇一四年、翁長雄志・那覇市長（当時）の知事選公約にも、沖縄が「ミサイル戦争」の舞台とされることへの灼けつくような危機感がありました。

チェルノブイリをも上回る、人類が経験した最大最悪の核破局である東京電力・福島第一原発事故の帰趨が、どうなるか——。

一九八九年「ベルリンの壁」が〝崩壊〟し「東西冷戦」が終焉したと称された、それ以降の時代を、私は自著で「新しい中世」「資本主義的中世」[2]と規定しました。なかでも搾取と収奪、不平等と人権抑圧をひときわ加速する日本政府が、一方で「二〇二〇年東京五輪」の茶番を鼓吹し、その一方で、沖縄への憎悪に満ちた暴圧を強めている……。

自民党に票を投ずる人びとが、しかもその『改憲草案』の中身を知らないのが、日本という国の異様を極めた光景です。近代五〇〇年、ないし八〇〇年――『マグナカルタ』以降、人間が連綿と紡いできた「人権」思想を根底から否定する封建的国家主義が、この先端科学技術・ハイパー資本主義下、〝ハイテク先進国〟において奇怪な復権を膨脹的に遂げようとしていて、しかもそれに対する抵抗が極めて乏しい。悪夢のごとき現実です。その自民党政治の悪のすべてを集約した憎悪が、なお抵抗を続ける沖縄に向け、集中されている。

一九四五年八月一五日から二〇一一年三月一一日が、日本の「戦後」という時代でした。それはむろん、並行して沖縄をそこから除外することと表裏一体となっていたわけですが、いまや、ヤマトそれ自体も立ち行かなくなった矛盾を、さらに琉球弧への圧制と差別で切り抜けようと謀っている。

だからこそ、辺野古や高江の地において、いま人間の尊厳を賭して担われている抵抗に、私は感銘を受けるのです。

同時に、ヤマトンチュである私はヤマト――日本社会というものの「ひじゅるー」ぶり、冷酷さを、骨身に沁みて承知してもいる。その狡猾な冷酷さたるや、この沖縄の真に切実な闘いをすらも、ともすれば「消費」しかねない危うさを持つほどに。

「天皇制」とは、単に狭義のそれだけではない。「民主主義」を標榜するものにすら、平然と「天皇制」が忍び込み、その「天皇制」に内部から腐蝕されかねないのが日本の精神風土であることを、私は痛感しています。

ヤマトから辺野古や高江に訪ねてきたヤマトの市民が「沖縄に来て元気を貰った」と語って帰る……。それはたしかに事実だと思うし、現状においては止むを得ない。残念ながら琉日の関係は現在、そこからしか出発のしようはなく、そう行動し語るヤマトンチュは、実は相対的には「はるかにまし」な人びとですらあります。

しかしながら、そこから翻って、自らが帰属するヤマトの現状をこそ足もとから変革するのでなければ、結局、それは「辺野古」「高江」をすらも〝希望〟として「消費」してしまうことにつながるでしょう。

そんな危うさがつねにつきまといもする。

山城博治さんはじめ現場での困難を極めた闘いを担っておられる方がたが「ヤマトの皆さん、力を貸してください」と叫びを上げておられます。むろん当然、その抵抗に連帯し、共に闘わなければならない。

しかし、それはさまざまな意味で、双方にとってあくまで必要条件であり、いまだ十分条件ではないのです。「生きるか死ぬか」という闘いが現に展開している現在、ヤマトンチュ・ヤマト社会の側は、自らの歴史的責任を担いながら、辺野古・高江——沖縄の抵抗を〝希望〟として「消費」するのではない途を主体的に探り当てることが問われている。そしてたしかに、高江の緊迫の度が強まるに従い、ヤマトから来る方がたのなかにも、以前より明らかにそうした自覚が高まりつつあることは感じます。

こうしたなか、私は「東アジア共同体」また「琉球弧の自立」を模索してゆくにあたり、二つの営為を念頭に置いています。

一つは、「地方自治」というよりは「地域主権」の観点から、日本国家の「原発政策」に叛旗を翻している新潟県や鹿児島県等の自治体と、「反原発」をも公約に掲げた翁長雄志知事の沖縄との、新たな「連帯」を形成してゆくこと——(3)。

もう一つ、これは私自身、個人的にも続けていることですが、沖縄と韓国・台湾という、いずれも日本の植民地支配を経験し、ないしは現在も経験している地域の市民との交流です。私は、とりわけ自らと同世代の表現者たちとの文化的共同作業を企図しています。

いま、ここで私たちが集まっているこの瞬間にも、辺野古、そして高江では山城博治さんや島袋文子さんたちが現場に立っておられる。身を挺して闘われている。それが私にとって、いま沖縄との最も重要な接点です。

これを「運動」と表現することにも、ほんとうは私としては違和感がある。これはそれのみが切り離された「運動」ではなく、人が生きてゆくという行為の全体性の、その一局面にすぎないのではないか。人間として生きたいという願いが当然、求める在り方なのではないかと思います。

　そして、そうした営みの果てに、最終的に、もしかしたらウチナーンチュとヤマトンチュとの「連帯」の可能性も開けてくるのかもしれない。とくにヤマトンチュの場合は、沖縄との関係だけではなく、アジア圏全体に対しての歴史的責任もあります。それを思えば、そうそう安易に「連帯」とか「共同体」とかいう言葉を、本来は口にできない立場であるにせよ……でも、もしかしたらその果てに開けるものがあるのかもしれない――とも。

　「普遍性」とは、まさしく一つにほかならないのですが、そこに到る道筋は一様ではなく、おそらく無数にある。ウチナーとヤマトの隔たりもあれば、そのなかに、おのおのの個人史の差異もある。自らの帰属する社会において、どう生きてきたか。いかに重層的に虐げられているか。それら全プロセスを背負って、いま私たちが個個の限界を認識しながら、しかも「普遍性」に到達する道は、きっとあるのではないか――。

　そうしたことを、単に理念としてだけでなく、二四時間、生きている体験の全体性のなかで探りたい。その場が、私にとっては辺野古であり高江でもある。

　また、皆さん――現地でもお会いできると、大変、嬉しいです。

　御清聴、ありがとうございました。

注

1 山口泉『原子野のバッハ――被曝地・東京の三三〇日』（二〇一二年／勉誠出版刊）。
2 山口泉『新しい中世の始まりにあたって』（月刊『世界』一九九二年四月号～一二月号）。後に『新しい中世がやってきた!』として、一九九四年、岩波書店刊。
3 この時点では、新任の三反園訓・鹿児島県知事が、まさか当選から半年もせぬうちに、自らの「原発見直し」の公約を平然と裏切ることになろうとは、さすがに予想していなかった。原発問題の底知れぬ根深さを改めて確認すると同時に、もはや「選挙」制度を腐蝕・空洞化し去ろうとしている、これら政治家の責任を、強く強く糾弾する。〔二〇一六年一二月・追記〕

第二回シンポジウム　2016年10月5日　神奈川大学横浜キャンパス

基調報告

東アジアにおける琉球独立の可能性　松島泰勝（龍谷大学教授）

個別報告

沖縄を犠牲にしない日本。それが東アジア共同体への道　野平晋作（ピースボート共同代表）

「東アジア共同体」とSEALDs／SEALDs RYUKYU　元山仁士郎（SEALDs RYUKYU）

植民地主義による抑圧と差別――植民地支配犯罪論から見た東アジアと琉球　前田　朗（東京造形大学教授）

基調報告

東アジアにおける琉球独立の可能性

松島泰勝（龍谷大学教授）

グアム独立と東アジア

一九六〇年の国連総会における1514決議（植民地独立付与宣言）等に基づいて、自己決定権を有する世界中の多くの植民地が統治国との間で新しい政治的地位や関係を求めて交渉を始め、独立を実現した。グアムは米国の未編入領土であるため自らの安全保障に対して権限を有せず、住民は米大統領選の選挙権を持たず、グアム選出連邦下院議員には議場での投票権が与えられていない。

グアム政府脱植民地化委員会には完全独立、自由連合国、州の各作業部会がある。新しい政治的地位を決定する住民投票の有権者資格は、一九五〇年のグアム組織法によって米市民になった人々とその子孫という法的定義に基づく。それらの人々の大部分は民族的にはチャモロ人となる。二〇一七年または一八年に住民投票を実施する予定である。

完全独立作業部会は、独立後の将来像を次のように考えている。独立国になれば、米国、中国、北朝鮮、その他の国々と平和条約、安全保障条約を締結し、西太平洋地域における脅威の封じ込めに対してグアムが大きな影響力を与える。グアムに対する脅威は住民に対してではなく、島での米軍の攻撃態勢に対するものである。シンガポールの面積はグアムより少し大きいだけであるが、貿易等で大きな成功を収めており、グアムもそのように経済発展できる。独立作業部会は毎月総会を開き、島内の各地域において定期的に集会を開き、独立支持の有権者を増やそうとしている。

近年、なぜ独立運動が活発になったのか。チャモロ・ネーション等による独立運動は以前から存在したが、在沖海兵隊のグアム移設という米政府の決定以来、独立運動が政治的最先端の運動になった。琉球でも辺野古、高江、普天間、嘉手納等における反基地運動が独立運動に火を付けている。

　グアムは「槍の先端」「アメリカの浮沈空母」「太平洋の要塞」と呼ばれている。約一七万人の人口の島に、米海軍・空軍基地が島全面積の三分の一を占拠しているが、さらに海兵隊基地の建設、基地機能強化により、島の半分が基地になる。二〇〇九年に米海軍は環境影響評価書案を公開したが、住民から多くの反対意見が寄せられ、抗議集会が開かれた。その際、琉球の反基地運動との連携が見られた。米政府は八六〇〇人の移設海兵隊数を五〇〇〇人に削減し、チャモロ人の歴史遺跡（Pagat）を実弾訓練場にする計画や、珊瑚礁の大規模掘削計画を撤回した。しかし実弾訓練場は島の最北端にあるグアム国立自然保護地域（Ritidian Point）に島内移設された。

　グアムのエディ・カルボ知事は次のように述べている。「グアム人兵士は、紛争地の人々が民主主義や投票権を得られるようにたたかってきたが、しかし、我々を戦地に送った人間（米大統領）を選ぶ権利が与えられていない」「グアムがどこに行くのか、つまり米国との完全な統合（州）なのか、米国とは別の道を歩むのか（完全独立、自由連合国）という道を決めるのは島の人間である」。翁長知事と同じく、カルボ知事も自己決定権の行使を訴えている。

　ニューカレドニアは二〇一八年に独立を問う住民投票を行う予定である。住民投票は一九九八年のヌーメア合意に基づくものであり、約二〇年間その準備が進められてきた。

　グアム独立運動は、東アジアにおける日米同盟体制強化策としての海兵隊移設、軍事機能強化という植民地主義から解放されるための政治的選択肢として展開されている。

太平洋島嶼国と東アジア

　太平洋諸島フォーラム（PIF）の構成国は次の通りである。豪州、クック諸島、ミクロネシア連邦、フィジー、キリバス、マーシャル諸島、ナウル、ニュージーランド、ニウエ、パラオ、パプアニューギニア、サモア、ソロモン諸島、トンガ、ツバル、バヌアツ（傍線部の国は中国と外交関係を締結し、その他の国は台湾と外交関係を締結している）。ニューカレドニアと仏領ポリネシアは準加盟国、トケラウ、グアム、国連、アジア開発銀行はオブザーバー資格で参加している。しかしオーストラリア、ニュージーランドがＰＩＦに対し大きな政治経済的影響力を及ぼしているため、「新植民地主義」と批判されている。

フィジーは二〇〇〇年からルックノース政策を提唱し、アジアとの経済関係を強化してきた。二〇〇六年の軍事クーデター後、オーストラリア、ニュージーランドによるフィジー制裁が発動された。バイニマラマ政権は中国の経済支援を得て、国内改革を行い、二〇一三年に新憲法を発布し、翌年、議会選挙が実施された。二〇一三年にフィジーが主導する太平洋諸島開発フォーラム（ＰＩＤＦ）が設立された。それはオーストラリアとニュージーランドを除外した、太平洋島嶼国が主体となる新しい地域機構である。現在、フィジーはオーストラリア、ニュージーランドが主導権を有するＰＩＦへの参加を拒否し、日本、中国、韓国、米国のＰＩＦ加盟を提案している。

二〇〇六年、フィジーで開催された第一回中国・太平洋島嶼国経済開発協力フォーラムにおいて中国の太平洋島嶼国に対する債権が放棄され、二〇一三年に中国で開催された第二回同フォーラムにおいて、二〇億米ドルの島嶼国向け援助が表明された。中国と外交関係を有する島嶼国のほか、メラネシア先鋒グループ（パプアニューギニア、フィジー、ソロモン諸島、バヌアツで構成：ＭＳＧ）やＰＩＤＦへの支援も行うことになった。

太平洋島嶼国と東アジアとの政治経済的関係が強化され、脱オーストラリア・ニュージーランド・欧米の動きが顕著になった。

戦後東アジア秩序の再検討と琉球独立

台湾や中国において東アジアにおける琉球の政治的地位の再検討に関する議論が活発化している。中華民国政府は「日本復帰」に反対してきた。「復帰」はカイロ宣言、ポツダム宣言、サンフランシスコ講和条約第三条違反である。国連総会決議（植民地独立付与宣言）にもかかわらず植民地・琉球の脱植民地化は未だ実現していない。琉球独立は分離独立ではなく、「復国」となる。王制ではなく新しい共和制の国が望ましい。

戦後の東アジア秩序は米国主導で決定されてきた。日本政府は日米同盟体制を強固にする形で、琉球を再併合した。台湾独立派は日米同盟体制を支持している。琉球独立は日米同盟体制による犠牲の押し付けから解放されるための政治的選択肢である。

琉球もＰＩＦ、ＰＩＤＦに正式に、またはオブザーバーとして加盟することができる。太平洋の植民地はＰＩＦ､国連の後押しで独立してきた。現在、ニューカレドニア、仏領ポリネシアはＰＩＦ、ＭＳＧ、ＰＩＤＦ、国連の支援を得て、独立運動を展開している。

グアム、ニューカレドニア、仏領ポリネシアは国連脱植民地化特別委員会（Ｃ―24）の「非自治地域リスト」に登録されている。琉球でも沖縄県議会において同リスト登録を求める決議を行い、登録させ、国連､国際法の下で平和的に独立することができる。

個別報告

沖縄を犠牲にしない日本。それが東アジア共同体への道

野平晋作（ピースボート共同代表）

日本の敗戦は日本に侵略され、植民地にされた国々にとって解放であったことは日本でも広く認識されている。しかし、日本で言う「戦後」という時代区分はそのまま他のアジアの国々に当てはまらないことは案外意識されていない。日本の支配から解放されたアジアの人々はその後も戦争、内戦、白色テロ、独裁など大変困難な時代を生きてきた。中国大陸では、一九四九年まで国共内戦が続いた。朝鮮半島では一九五〇年から一九五三年まで朝鮮戦争が行われ、今もなお分断状況が続き、一〇〇〇万人を越す離散家族が存在している。台湾では、大陸で内戦に敗れ、逃れてきた国民党が独裁政権となり、白色テロを行った。解放後、独裁政権が続いた韓国が民主化されたのも、台湾の戒厳令が解除されたのも

同じ一九八七年である。ベトナムで戦争が終結し、ベトナムが統一されたのは一九七五年であった。

このように日本で言う「戦後」という時代は他のアジアの国々ではけっして「戦後」ではなかった。「冷戦」と呼ばれる時代はアジアでは互いに殺し合う熱戦だった。「冷戦」は代償をともなうというのがアジアの常識だ。しかし、日本は違った。朝鮮戦争、ベトナム戦争で経済特需を経験し、「冷戦」の受益者となったからだ。そのため、「冷戦」は代償をともなうという自覚が日本社会には乏しい。

二〇〇二年、朝鮮民主主義人民共和国（以下、北朝鮮）が日本人を拉致したことを初めて認めた際、日本の世論は一方的に北朝鮮政府を非難した。拉致問題は戦争や離散家族など朝鮮半島の南北分断がもたらした数々の悲劇のひとつである。しかし、日本では、「冷戦」は代償をともなうという認識がないため、拉致問題は北朝鮮政府がただ一方的に行った蛮行だと理解された。日本は米国と軍事同盟を結んでおり、「冷戦」の当事者であるが、日本の世論は日本が「冷戦」に加担した当事者だという意識がないため、拉致問題を理由に日本を一方的な被害者だと捉えている。日本で北朝鮮への制裁を求める声が大きいのは、そのような日本社会の「戦後」や「冷戦」という時代に対する認識も一因なのではないだろうか。

日本は過去の侵略戦争と植民地支配に対する認識が乏しいと他のアジアの国々に批判されることが多い。しかし実は、「戦前」についてだけでなく、「戦後」や「冷戦」という時代についても日本は他のアジアの国々と大きく認識がずれている。

ヨーロッパがひとつの共同体になるために、ドイツの過去清算が前提となったように、東アジアの国々がひとつの共同体になるためには、日本と他のアジアの国々との歴史認識の共有が前提となる。日本がアジアの国々と歴史認識の擦り合わせをする上で、沖縄はひとつの切り口になるのではないだろうか。琉球王国という独立国を日本が強制併合し、日本への同化を強いたことは日本と朝鮮の関係に近い。さらに、「戦後」や「冷戦」という時代についても沖縄は他のアジアの国々と認識が近い。日本でいう「戦後」は沖縄ではけっして「戦後」でなかった。サンフランシスコ会議を経て、日本が国際社会に復帰した際も沖縄は切り捨てられた。引き続き米軍占領下に置かれ、銃剣とブルードーザーで土地を奪われ、米軍による様々な人権侵害を経験した。ベトナム戦争時は、ベトナムの人々に悪魔の島と呼ばれるほど沖縄の米軍基地が米軍の戦略上重要な役割を果たした。「冷戦」が熱戦であることは米軍基地が集中した沖縄ではリアルに実感できたはずだ。今も基地被害が絶えない。「戦後」という時代はけっして戦争がない時代ではなく、「冷戦」は熱戦であり、多大な代償をともなうということは沖縄でも同じ認識なのではないだろうか。そうした意味で、沖縄の日常はアジアの日常とつながっている。

日本では戦争放棄を謳った日本国憲法と米軍の駐留を認めた日米安保条約が共存している。日本全土の〇・六%に過ぎない沖縄に在日米軍基地の七四%が集中しているため、「本土」では、基地被害に対する認識が乏しく、不平等な日米地位協定も未だ一度も改定されていない。日本の平和は沖縄の犠牲の下に築かれているとも言えるのではないだろうか。

二〇一五年一二月一四日、政党、市民団体、労組、平和団体、企業などが結集して、「辺野古新基地を造らせないオール沖縄会議」が発足した。今、これに呼応する日本「本土」の大同団結した大きな運動が求められている。翁長知事は「日本には本当に地方自治や民主主義が存在するのでしょうか」「沖縄が日本に甘えているのでしょうか。日本が沖縄に甘えているのでしょうか」と厳しく日本政府と「本土」の世論を糺している。沖縄を犠牲にしない日本を築きあげること。それが、他のアジアの国々と共存できる日本を築く道に通じると私は考えている。

「東アジア共同体」とSEALDs／SEALDs RYUKYU

元山仁士郎（SEALDs RYUKYU）

「東アジア共同体」をテーマに寄稿して欲しいとの依頼を頂いたときに、何を書こうか悩み、なかなか筆が進まなかった。「中国の脅威」や「北朝鮮の脅威」という言葉が巷であふれ、東アジアにおける緊張が高まっているとされるいま、果たして「東アジア共同体」という希望はあるのか、またどのようにして実現可能なのか。しかし、SEALDsやSEALDs RYUKYUが持つ理念と活動、私が行っていることが、この「東アジア共同体」というなかなかとっつきにくい前途多難なヴィジョンの実現につながっていると信じ、ここに記したいと思う。

SEALDsが生まれた背景には民主党政権時に起きた（福島第一原発事故が民主党政権だけの問題ではないということはいうまでもない）、「3・11」、とりわけ福島第一原発事故がある。冷戦崩壊、バブル崩壊、阪神・淡路大震災、オウム真理教事件、少女暴行事件、同時多発テロ、リーマンショック…。SEALDsの奥田愛基氏も「生まれたときからバブルが崩壊してとか、日本はこの先良くならない」と言われていたと語り[1]、NHKの世論調査でも六一%の一八歳、一九歳が「日本の将来は明るいと思いますか?」という問いに「思わない」と回答している[2]。

そんな絶望の中からSEALDsを始めとするいま、路上に立つ世代は生まれた。SEALDs RYUKYUもその一つである。

SEALDsの戦後七〇年動画にはこうある。

「終戦から七〇年が経ちました。戦後日本の平和と繁栄は、先の大戦の大きな犠牲と引き換えにもたらされたものです。私たちはいまこそ、この国の平和憲法の理念を支持し、それを北東アジア、そして世界の平和構築に役立てるべきだと考えます。自由、民主主義、普遍的人権。それらの価値は、けっして紙に書かれた絵空事ではありません。人びとの自由を護り、平和を築くために、過去から私たちに手渡された大切な種です。私たちがあきらめてしまわない限り、日本国憲法の理念はその力を失うことはありません。知性と理性とともに、私たちは平和と、アジア諸国家の自由と民主主義の尊重を求め続けます[3]」。日本は日本国憲法を携え、北東アジアを始めとする諸国とともに自由や民主主義という共通の価値の下に平和を構築していくべきだとする。また、SEALDs RYUKYUの団体紹介文にも「現在の奄美群島と沖縄諸島及び先島諸島から成る琉球国は、交易を通じて東アジア、東南アジアを中心とする国や地域との関係を築く『万国津梁』の精神の下で栄えていました」「琉球・沖縄が持つ『万国津梁』の精神…を重んじ、自由で民主的な社会を実現するために、私たちは『いま、ここ』から行動を起こします」とある。琉球・沖縄の歴史を踏まえ、沖縄県、日本国という枠組みを超えた地域との協力、問題解決を模索していると言える。

これらはただの文言に留まらない。実際、SEALDsやSEALDs RYUKYUのメンバーと東アジア諸国の同世代の人たちとの交流は行われている。例えばSEALDsでは香港の「雨傘革命」を担った黄之鋒（ジョシュア・ウォン）氏とのトークや周庭（アグネス・チョウ）氏との交流、台湾の「ひまわり運動」を担った陳為廷氏とのトーク、国会前への案内を、SEALDs RYUKYUでも「雨傘革命」や「ひまわり運動」に参加した学生を辺野古や高江に案内し、交流を行い、二〇一五年一一月一四日に辺野古で行った街宣では同日韓国のデモを担っていた学生・若者団体とメッセージを交わした。

その他にも、私は二〇一六年一月一六日に行われた台湾総統選挙に台湾の学生に誘われて足を運んだ。選挙の様子を視察し、日本語が話せる学生が総統選挙の投開票を解説するネット番組に出演した。(4) また、来る二〇一七年四月一三日に行われる韓国の国政選挙にも足を運び、視察及び現地の学生・若者との交流を行う予定だ。それぞれの国や地域で路上に出て声をあげた東アジアの学生・若者たちがいま、国境を超えて繋がっている。

これが即座に「東アジア共同体」となり得るのか、お互いにどのようなヴィジョンを持っているのかなど、まだまだ交流、対話を深めていかなければいけない部分も多々あるだろう。しかし、SEALDsやSEALDs RYUKYU、私自身の活動がアジア地域における信頼関係の構築と平和、安定を目指す「東アジア共同体」の礎となることは間違いない。

SEALDs や SEALDs RYUKYU の活動がこの暗い時代に射し込む一筋の光明となることを願って止まない。

注

1 『未来への風～〝痛み〟を越える若者たち～』（NHK、二〇一六年三月一七日 http://www.nhk.or.jp/gendai/kiroku/detail_3784.html　最終アクセス日：二〇一六年四月五日）

2 『DATA NAVI：一八歳選挙権に何を思う』（NHK ONLINE、http://www.nhk.or.jp/d-navi/link/18survey/index2.html　最終アクセス日：二〇一六年四月五日）

3 『Peace for 70 years and infinity: MESSAGE FROM JAPAN to ASIAN COUNTRIES AND THE WORLD, 2015.』SEALDs、二〇一五年一一月二四日（https://www.youtube.com/watch?v=jwiYzpaa30o　最終アクセス日：二〇一六年四月五日）

4 『二〇一六台湾総統・国会総選挙～オンライン開票速報X完全解説』二〇一六年一月一六日（https://www.youtube.com/watch?v=xjvwvJKCgTo　最終アクセス日：二〇一六年四月五日）

植民地主義による抑圧と差別
――植民地支配犯罪論から見た東アジアと琉球

前田　朗（東京造形大学教授）

はじめに　シンポジウムにおける報告と問題関心

筆者は「植民地支配犯罪論から見た東アジアと琉球」と題して、東アジアにおける植民地主義の歴史と現在を解明するための視座として「植民地支配犯罪論」を提起した。

従来、琉球／沖縄に対する米軍基地押しつけを「植民地的である」と批判する声が強かった。適切な批判であるが、「植民地的」の「的」とは何を意味するのか明瞭ではない。「植民地だ」と言っているのか、「まるで植民地のようだ」と言っているのかもはっきりしない。

最近では「日米両国による軍事植民地」という指摘がなされる。なるほどと頷く。ただ、「日米両国による」とはいかなる事態なのか。一方で、「日本はアメリカの属国だ」という批判もあり、かつての

「従属帝国主義論」への回帰なのかどうか、そこも判然としない。

他方、琉球王国に対する侵略と「琉球併合（琉球処分）」の歴史を再検証して、琉球の自己決定権に焦点を当てる議論が浮上している。さらに琉球独立論も以前とは異なり具体的な方法論的実質を伴いながら提起されている。

このような理論的実践的展開を踏まえながら、日本による琉球／沖縄への差別と迫害の歴史を見直すならば、植民地支配の再検証が必須不可欠のテーマとなるだろう。その際、「植民地的である」という比喩的な言説に留まるのではなく、いかなる意味で「植民地的である」のかを、より積極的にとらえ返す必要がある。

歴史学ではなく法律学をホームグラウンドとする筆者には「琉球植民地史」を的確に追跡する準備はないが、議論の手掛かりとして二つの視座を基本に据える必要性を強調したい。

第一に、東アジア史における植民地主義の展開過程の分析である。アイヌモシリ（蝦夷、サハリン等）、琉球、台湾、朝鮮半島、南洋諸島、「満州国」へと至る植民地主義の様相が主題となる。大航海時代に始まった西洋近代の「五〇〇年の植民地主義」と類比しうるのはコシャマインの戦い、シャクシャインの戦い、島津の琉球侵略、そして豊臣政権の朝鮮侵略であった。次に、後発帝国主義諸国の登場による植民地再分割の「一五〇年の植民地主義」に類比しうるのは、北海道開拓使の設置（蝦夷の北海道への再編）、琉球侵略（琉球処分）、台湾併合（割譲）、韓国併合の歴史であった。

第二に、東アジアにとどまらず世界規模での植民地主義――「五〇〇年の植民地主義」と「一五〇年の植民地主義」の両方を含む――への批判として、植民地解放闘争の理論的実践的意義は高いが、政治的解放に力点が置かれると経済的侵略や文化的侵略の根深い影響を克服できない。ポスト・コロニアリズムの提唱以来の現在の植民地主義批判を受け止めつつ、筆者の守備範囲としては植民地支配犯罪論の系譜を解明する作業が重要であった。シンポジウムではこの点を報告したが、その内容は前田朗「植民地支配犯罪論から見た東アジアと琉球」進藤榮一・木村朗編『沖縄自立と東アジア共同体』（花伝社、二〇一六年）として公にしている。

そこで本稿では、シンポジウム後の状況に即して課題の一端を提示しておきたい。

山城博治釈放要求運動

二〇一六年は辺野古と高江の米軍基地工事強行を阻止する市民のたたかいが激しさを増した。これに対して、日本政府は、陸では本土の警察・機動隊を大量動員して運動を潰しにかかり、海では海上保安庁が激しい暴力的手段に出て反対運動を押さえつけてきた。高江のヘリパッド工事に際しては自衛隊ヘリコプターも出動した。第一次安倍政権の時には自衛艦のぶんごも出動したことを忘れるべきではない。警察・海上保安庁・自衛隊を動員した琉球弾圧体制が具体的に作動している。「本土」ではこのような事態は現出しない。琉球／沖縄が軍事植民地であることがいっそう明瞭になっている。

そうした中、象徴的な事件となったのが、沖縄平和運動センターの山城博治の長期身柄拘束であった。二〇一六年一〇月一七日に逮捕され、二〇一七年三月一九日まで一五〇日に及ぶ長期身柄拘束がなされた。威力業務妨害罪や傷害罪などの容疑を口実としているが、政権に抵抗した被疑者に対する報復と、反対運動に対する見せしめのための長期身柄拘束の疑いが非常に強い。地元の市民やジャーナリストはもとより、全国の平和運動、さらにはアムネスティ・インターナショナルのような国際ＮＧＯからも批判が相次いだ。

筆者らは、二〇一六年一二月二八日、四七人（最終的に六四人）の刑事法研究者の賛同を得て「山城博治氏の釈放を求める刑事法研究者の緊急声明」（呼びかけ人：春日勉・神戸学院大学教授、中野正剛・沖縄国際大学教授、本庄武・一橋大学教授、前田朗・東京造形大学教授、森川恭剛・琉球大学教授）を公表した（一二月二九日付沖縄タイムス）。その後、呼びかけ人らは各種メディアで不当勾留批判を続けた。二〇一七年三月一〇日、ジュネーヴの国連欧州本部で開催された国連人権理事会三四会期において、筆者はＮＧＯの国際人権活動日本委員会（ＪＷＣＨＲ）を代表して、山城博治釈放を求めて発言した（三月一二日付琉球新報及び沖縄タイムス）。

琉球／沖縄への構造的差別と植民地主義

今回の身柄拘束は、勾留の必要性の点からいっても疑問であるし、異様に長期化した点でも不当であるが、不当逮捕や弾圧目的の勾留は「本土」でも珍しくない。安保法制を採択した国会前行動に対する弾圧でも多数の市民が逮捕された。

琉球／沖縄における逮捕・勾留の濫用は、身柄拘束手続きにかかわる逮捕状や保釈請求却下等の法律文書を見ても明らかにならない。刑事訴訟手続きは「本土」も琉球も表面的には「平等・公平」になされるからである。

しかし、実態は植民地主義に基づく抑圧と差別という観点を抜きには理解できない。歴史をさかのぼればそのことは議論の余地なく明瞭であるが、ここでは現状の問題点だけを再確認しておこう。第一に、「本土」では地元住民の反対を理由に基地建設を否定しながら、琉球／沖縄の住民の反対の声は無視してきた。第二に、一度や二度ではなく長期にわたり繰り返し反対の意思表示がなされ、近年の選挙においても琉球／沖縄の民意ははっきりと表明されている。第三に、他府県の機動隊を大量動員して工事を強行している。大規模行事において他地域から機動隊を動員する例はあるが、住民の反対を抑圧するための動員は極めてまれであろう。第四に、自衛隊が動員された。第五に、逮捕・勾留に際して、次々と後付けの理由で逮捕が繰り返された。後付けの理由による不当な再逮捕は「本土」でも見られるが、後付けの理由の内実が権力的弾圧への抵抗である。第一の抵抗に加えて第二の抵抗を追加してさらなる弾圧を強行している。

ここまで徹底した抑圧と差別を「本土」で見ることはできないだろう。構造的差別というしかない。そのメカニズムを作動させているのは軍事中心思考の日本の植民地主義である（最新の重要著作として、仲宗根勇・仲里効編『沖縄思想のラディックス』未來社、二〇一七年）。

東アジア共同体・沖縄（琉球）研究会 入会申込方法

◆会員の種類

＊一般会員（年会費 4,000 円）：会誌の配布および本会の事業の案内を受け、
かつ研究発表・会誌への投稿等本会の事業に参加できる。
＊学生会員（年会費 2,000 円）：上に同じ。
＊賛助会員（年会費 1,000 円）：本会の事業の案内を受ける。
＊機関会員（年会費 10,000 円）：会誌の配布および本会の事業の案内を受ける。

◆入会手続

（※お手元に入会申込書がない場合）　（※お手元に入会申込書がある場合）

事務局宛て（メール、お電話、郵送いずれでも可）に、入会希望のご意思をご連絡ください。申込書をメールあるいは郵便でお送りします。

↓

必要事項を記入（入力）してください。

↓

事務局へご郵送（返信）ください。（事務局に届いた時点で入会手続き完了です）

↓

下記の振込先（1 を推奨）に会費をお支払いください。

〈振込先〉（以下のいずれかの方法をお選びください）

1　払込取扱票（青色）による納入（※こちらを推奨します）
　番号：01760-4-145386　加入者名：東アジア共同体・沖縄（琉球）研究会
2　ゆうちょ銀行口座振り込みによる納入
　口座名：東アジア共同体・沖縄（琉球）研究会
　店名：七〇八　店番：708　番号：普通 1824804

東アジア共同体・沖縄（琉球）研究会事務局
ブログ URL　http://east-asian-community-okinawa.hatenablog.com/
E-mail　east.asian.community.okinawa@gmail.com
住　所　〒 903-0213 沖縄県中頭郡西原町字千原 1
琉球大学法文学部 池上大祐研究室気付　☎ 098-895-8296（研究室直通）

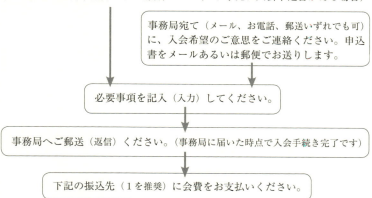

略　歴

鳩山 友紀夫（はとやま ゆきお）　1947年生まれ。東京大学工学部卒。スタンフォード大学Ph.D。東京工業大学助手、専修大学助教授を経て1986年～2012年衆議院議員。1996年民主党を結党。菅直人とともに代表。2009～10年第93代内閣総理大臣。現在、東アジア共同体研究所理事長。政治家引退後、友愛を広めるために、由紀夫を友紀夫に改名。

大田 昌秀（おおた まさひで）　1925年生まれ。1945年、沖縄師範学校在学中に沖縄戦に動員され、九死に一生を得て生還。戦後、早稲田大学を卒業後、米国シラキュース大学大学院にてジャーナリズムを学ぶ。修了後、琉球大学社会学部で教授として研究・指導を続ける。1990年沖縄県知事に就任、2期8年務め、平和･自立･共生をモットーに県政を行う。「平和の礎」「沖縄県公文書館」などを建設。戦後一貫して沖縄戦と平和をテーマに研究を重ね、著書は80冊余にのぼる。主な著書に『近代沖縄の政治構造』『醜い日本人』『沖縄のこころ』『沖縄の民衆意識』『これが沖縄戦だ』『総史沖縄戦』『検証　昭和の沖縄』『沖縄　鉄血勤皇隊』など。2017年6月12日死去。

松島 泰勝（まつしま やすかつ）　1963年生まれ。在ハガッニャ（グアム）日本国総領事館と在パラオ日本国大使館の専門調査員、ＮＰＯ法人ゆいまーる琉球の自治代表、琉球民族総合研究学会共同代表を経て、現在、東アジア共同体沖縄（琉球）研究会共同副代表、龍谷大学教授。著書に『琉球独立への道』『琉球独立への経済学』『琉球独立論』『琉球独立宣言』『沖縄島嶼経済史』『琉球の「自治」』など。

木村 朗（きむら あきら）　1954年生まれ。九州大学大学院法学研究科政治学専攻単位取得後退学。九州大学法学部助手を経て、鹿児島大学教授。専門は政治学、平和学。日本平和学会理事、東アジア共同体･沖縄（琉球）研究会共同代表。共編著『沖縄自立と東アジア共同体』、共著『誰がこの国を動かしているのか』『核の戦後史』など。

沖縄謀叛

2017年8月1日　第1刷発行

編著者　©鳩山 友紀夫　大田 昌秀　松島 泰勝　木村 朗
発行者　竹村 正治
発行所　株式会社　かもがわ出版
〒602-8119　京都市上京区堀川出水西入
TEL 075-432-2868　　FAX 075-432-2869
振替 01010-5-12436
URL http://www.kamogawa.co.jp
印刷所　シナノ書籍印刷株式会社

ISBN978-4-7803-0923-2 C0031